华东师范大学骨干教师研修班

未来教育家奠基工程

与滨海新区政协主席韩远达、教体局李玉秋书记合影

师生一起看日食

与天津师范大学实习生的合影

与学生在一起

与国际地球科学奥林匹克竞赛金奖学生合影

思政课

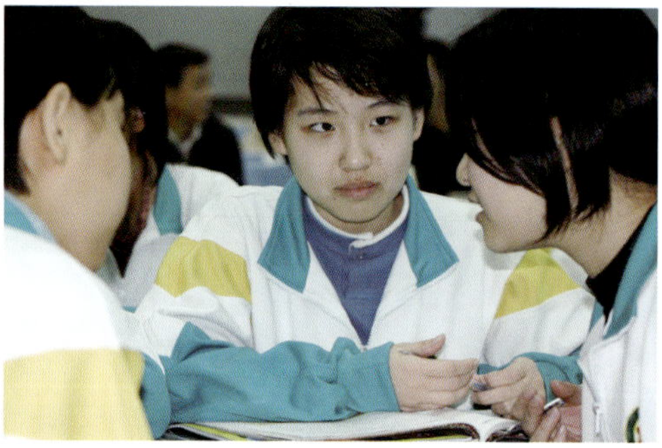

课堂交流研讨

托起朝阳工程

地理课堂教学

与华东师范大学钟启泉教授的合影

与陆大道院士的合影

与宫丽艳局长、朱培红书记合影

与北京师范大学王民教授合影

与天津师范大学仲小敏教授合影

与王树生先生合影

与华东师范大学宁本涛教授合影

与市教研室王丽主任合影

走进名校聚焦课堂

与杨静武校长合影

与特聘专家周传文书记合影

与特聘专家张黎明先生合影

与市教研室吴刚主任合影

与市教研室李金亭主任合影

大学与中学贯通式人才培养

天津市精品教研讲座

国培计划合影

高中科技创新后备人才培养项目

地理组合影

综合实践活动课程领导力

地理教材编写培训

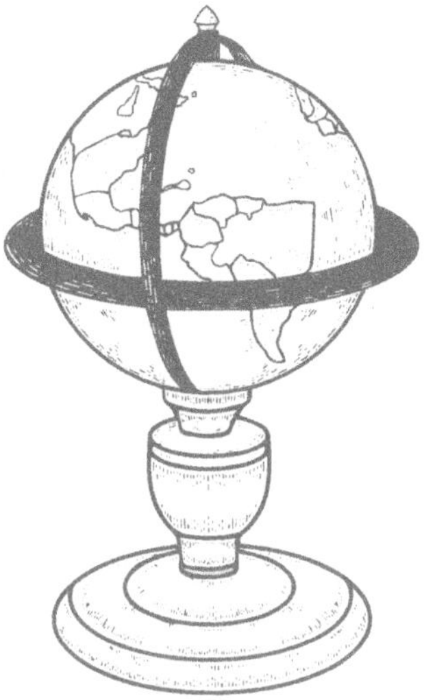

且思且行

高中地理学科教学模式探索与实践

/ 夏恩伟 著

天津社会科学院出版社

图书在版编目（CIP）数据

且思且行 : 高中地理学科教学模式探索与实践 / 夏恩伟著 . -- 天津 : 天津社会科学院出版社 , 2022.5
ISBN 978-7-5563-0824-8

Ⅰ . ①且… Ⅱ . ①夏… Ⅲ . ①中学地理课－教学研究－高中 Ⅳ . ① G633.552

中国版本图书馆 CIP 数据核字 (2022) 第 088953 号

且思且行 : 高中地理学科教学模式探索与实践

QIESI QIEXING:GAOZHONG DILI XUEKE JIAOXUE MOSHI TANSUO YU SHIJIAN

选题策划：柳　晔
责任编辑：柳　晔
责任校对：王　丽
装帧设计：高馨月
出版发行：天津社会科学院出版社
地　　址：天津市南开区迎水道 7 号
邮　　编：300191
电　　话：（022）23360165
印　　刷：英格拉姆印刷(固安)有限公司

开　　本：787 × 1092　　1/16
印　　张：15.25
字　　数：190 千字
版　　次：2022 年 5 月第 1 版　　2022 年 5 月第 1 次印刷
定　　价：68.00 元

序

新课程改革是一次全方位的教育变革，当前正处在向纵深发展的过程中，已进入体制机制改革的深水区。如何激发学生的创新思维，引导学生从低阶思维向高阶思维发展，是高中新课程改革提出的重要要求。教育者必须用睿智与胆识，实事求是地遵循教育规律去思考、探索、引领，善于用思想引领学校发展，应从学校多年的文化积淀中寻找答案。

深化改革激发教育事业发展生机活力。习近平总书记强调，必须更加注重改革的系统性、整体性、协同性，及时研究解决教育改革发展的重大问题和群众关心的热点问题，以改革激活力、增动力。新课程改革方案的快速实施，对更新高中课堂教学模式提出了要求，更给教师的教育教学提出了新的难题与挑战。面对新课程改革背景下的学科发展之问，学校以“为学生的终身卓越发展奠基”的办学理念为落脚点，不忘初心、上下求索，肩负起引导学生探寻科学精神与人文精神的统一、树立人地和谐发展的思想和可持续发展观的重任，交出了一份教科书式答卷。主要聚焦在以下三个方面：

一是立地成才通古今，存理得道显雄才。学校努力创建自由、平等、开放的教学环境，致力于课堂教学改革和创新，努力培养学生树立全球意识，提高学生终身学习的能力。高中新课程改革意在建立与当今时代要求匹配的素质教育和基础教育体系，关键在课堂教学这个“主战场”上。课堂改革力争取得突破性进展的关键是要“聚焦课堂”，改变教学方式和学习方式，提高课堂教学的实效性。为适应新课程标准的变化，学校摒弃了传统教授式的课堂模式，而创建以自主合作探究为主的开放式课堂。为了进一步优化高中地理课堂教学，在结合教学实践的基础上，不断创新教学手段，在构建地理高效课堂教学模式上做出了有益的示范。

二是乘苍茫大地之风，扬宇宙道理之帆。教学中不仅要探索大地和宇宙的道理，更要探索教学之理，探索教研之理。学校构建教、学、研一体的学科教研模式，使学生充分融入教学过程的同时，教师自身也能对学科教学有更深的领悟。正如陶行知先生所言：“我们在教育界任事的人，如果想自立想进步，就须胆量放大，将试验精神向那未发明的新理贯射过去，不怕辛苦，不怕疲倦，不怕障碍，不怕失败，一心要把那教育的奥妙新理，一个个地发现出来。”学校不断加强学科组教研、构建学科特色教学模式，采用特殊的“图式导学式”教学，鲜明的教学特色给予学生直观的感受，教学设计的巧思诱导学生产生学习兴趣，兼具时代性与实用性的课程资源给予学生“学以致用”的可能。

三是纸上得来终觉浅，绝知此事要躬行。本书作者夏恩伟对新课程改革有着深入理解和思考，秉持着不断打破原有的模式、开创教育教学新局面的创新理念，始终坚持探索高质高效的课堂教学方式，精心设计教学过程的各个环节，以充分调动学生学习的积极性、完善思维脉络、培育创新精神。此举助力广大教育工作者探索新课程改革的具体落实途径，成为推进教育事业改革的积极力量。值此书即将付梓之际，在此特向其作者与学校单位致以诚挚的感谢！

学无止境，教无止境；教无定法，但须得法。随着新课改的深入推进与新课程的深入实施，广大教育工作者只有从学生的实际出发，紧紧抓住课堂教学改革这个中心环节，通过优化课堂目标、优化课堂结构、优化课堂作业，提高课堂教学的有效度；不断践行与讨论“课程资源的开发利用”等相关问题，对教材、教学方法等资源进行二次开发；才能不断促进课堂教学的创新发展、教师教学水平的提高以及学生素质的全面发展。

“人无德不立，育人的根本在于立德。”习近平总书记一贯高度重视教育，多次强调把立德树人作为教育的中心环节，也曾勉励：“选择当老师就选择了责任，就要尽到教书育人、立德树人的责任。”2022 年 4 月 25 日习近平总书记考察中国人民大学时指出，培养社会主义建设者和接班人，迫切需要我们的教师既精通专业知识、做好“经师”，又涵养德行、成为“人师”，努力做精于“传道授业解惑”的“经师”和“人师”的统一者。教育是一门“仁而爱人”的事业，有爱才有责任。新课程改革任重道远，我辈教育工作者重任在肩。然而通过学科核心素养的培养，落实立德树人的根本任务，必将会引领学生成为上知天文、下知地理，有大爱、大德、大情怀的新时代青年！

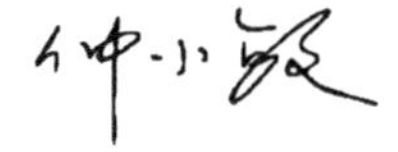

天津师范大学教育学部副部长，教授

前言

教育是熔铸灵魂的伟大工程，而教师无疑是遂行这一工程的掌舵人。党的十九大报告提出，要“加强师德师风建设，培养高素质教师队伍”。一直以来，这是教育事业发展和学生培养的关键之匙，亦是“立德树人”根本任务的应有之义。为师者应“以德立身，以德立学，以德施教”。教师不仅要传学生以“术”，讲解技法以求致用，而且要授之以“学”，指示其人生的道理。因此，教师在拓展学生思维认知的基础上，更要引导学生进行实践，立身立学，从而达到知行合一。

新课程改革方案的快速实施，对高中地理课堂教学模式提出了新要求，更给教师的教育教学提出了新的难题与挑战。面对未知的旅途，教育者需要怀抱初心，以赤诚的爱去面对学生，以满分的热情去迎接课堂、寻找教育改革的出路。在此背景下，经验丰富的一线教师夏恩伟将自己对高中地理学科教学模式的探索经验以及通过实践得出的感悟和方法深入浅出地诉诸纸上，汇编成了《且思且行——高中地理学科教学模式探索与实践》一书。

在第一章中，笔者从解析高中地理学科教育的培养目标入手，提纲挈领，阐释课程结构，发掘地理学科核心素养要求，明确学科培养的方向与目标。地理学不仅要向学生传授基本的地理事实、概念、原理等知识，还要注重培养学生的地理能力，帮助学生构建地理科学的观念，引导学生打造更宽阔的世界观，学会用“地理”的眼睛看世界，用“地理”的头脑认识世界。这种大格局的养成，离不开教育工作者的悉心培养与教导。结合天津市地理学科教学实际，第一章的内容以新教材新课程为主，在新教材中，高中地理学科的课程结构和体系都发生变化，将课程类别调整为必修课程、选择性必修课程和选修课程，在保证共同基础的前提下，为不同发展方向的学生提供有选择的课程。新教材的培养目标是进一步提升学生综合素质，着力发展核心素养，使学生具有理想信念和社会责任感，具有科学文化素养和终身学习能力，具有自主发展能力和沟通合作能力。

第二章，笔者通过探索创新高中地理教学模式，形成了“图式—探究—合作”的新型教学模式，更好地体现“自主学习、探究学习、合作学习”的教学新理念。与此同时，在地理教学中应用实践思维导图新形式和异步教学理论，助力学生熟练掌握学科知识体系，培养学生的自学能力、创新能力、自主教育能力和自主健身能力，达到高效率、大面积提高教学质量的目的。通过这种教学效果及时反馈教学方式，促进教学相长，从而达成新目标、走向新阶段、获得新进步。

高中地理学习模式的探究是以充分了解高考地理的出题模式及风格为前提的。在第三章中，笔者通过对历年题目的解析，科学合理地预测未来试题发展的新趋势、新思路和新方法，突破主干，重构体系，并以此为基础科学制订了高三学子地理总复习的规划。在这一阶段，教师应促进知识合理有效传递，引导学生自主构建地理知识体系，促进学生掌握地理知识本质，助力学生达成目标、成就梦想。

习近平总书记指出，要全面提高教育质量，注重培养学生创新意识和创新能力，加强学生的基础学科能力培养。因此，在教育发展新时期，开发创新教学方法，更新地理教学模式至关重要。本书第四章从“求思文化”助力学科内涵发展、课题研究推动科学素质教育综合示范校建设、建立健全科学素质教育评估体系以及打造现代化科学素质教育平台四个方面阐述高中地理的学校战略支持，根据案例分析简述学校战略支持对地理教育的重要性，及其对学生素质培养的重要影响。

教育的存在与发展，首要前提就是要有一支数量充足、结构合理、素质优良的教育者队伍。因为有了“先知者”，教育活动才能组织、才能进行、才能提高、才能发展。第五章阐述了积极建设教师队伍的必要性。搭建教师评价平台，构建教、学、研一体的学科教研模式，并打造教师专业化成长发展平台，用爱培养教育理想，以良师育良材，以良材助国兴。这既是教师修身立学的基本，又是育人治学的追求。良师咸集而化育英才，则当助教育兴、国家兴、民族兴，则必成中国梦、民族梦。

课程改革是实施素质教育的主阵地，而课堂教学又是课程改革的主战场，是学校实施素质教育、培养人才的主渠道，真正落实课程改革的目标，实施好素质教育的关键是在课堂教学上。第六章表明教育者需要不断对课程资源进行开发，进而明确教学目标，构建教学特色，提升课堂实效。受教育者通过思维运动参与课堂活动，有利于教学目标实现，更能彰显高中地理学科的魅力。

新课程标准形势下又对地理教育提出了新的要求：学生既要认识自然世界也要认识人文世界，并且通过对两个世界的认识，进一步理解人类活动与地理环境的密切关系，并树立人地和谐发展的思想，自觉地保护资源与环境，进而树立可持续发展的思想观念。为此，在第七章中强调教师应注重培养学生的地理综合能力，阐明学生培养规划方案，培养综合性和创新性人才。

每个课堂都是课程实验室，教师是课程实验者，通过自己的课堂教学实践时刻检验着课程本身。第八章以多个典型教学实践案例为例，提出地理课程资源开发的重要性，直观、真实地呈现出高中地理教学的真实情境，展现出师生得益于此体系所产生的积极效能。

教学必须不断地反思，及时地总结，适时地改进，充分地完善自我，相互学习，取长补短，全面实施素质教育，不断提高教育教学水平，切实有效地优化课堂教学环节，提高学科教学质量。最后一章中，笔者通过讲述自己在地理学科教育之路上的实践与提升经历，追溯了执教初心，总结了各项学访的经验和感悟。

本书将高中地理教学理论、教学目标和教学实践，各项教育成果的经验、战略支持的成果，以及多样的培养规划科学合理地结合了起来，从学生培养目标出发，分析考情现状，提出有效的教学模式和多样的培养方案，将理论和实践紧密结合，强调地理学科多方面的课程要求和培养目标，使读者能够以小见大，从中得到启发与收获，在学科教育方面具备适用性和可借鉴性，起到了范例式的作用。

本书的编辑出版基于学科课程的分析阐释、多次教学案例中的实践研究以及多方面的探究分析。它能够付梓问世，离不开各方力量的支持。在此，笔者向关心本书的各级领导和同仁表示诚挚的谢意。愿本书的编辑出版，能够给教育者提供更多的思路和方法，为教育事业的发展增添力量。本书中尚有不够完善之处，也望得到大家的指点，相偕进步。

2021 年 10 月

目 录

绪 论 教育，一场爱的行走 001

第一章 高中地理学科教育之我见 005

第一节 高中地理学科培养目标解析 007

第二节 高中地理学科课程结构与体系 018

第三节 高中地理学科核心素养要求 028

第二章 高中地理之教学模式探究 033

第一节 “图式—探究—合作”教学方法概述 035

第二节 思维导图在高中地理教学中的应用实践 042

第三节 异步教学理论的应用 046

第三章 高考地理之“变”与“不变” 061

第一节 解析变化，预测趋势 063

第二节 重构体系，突破主干 074

第三节 复习规划，整体把关 079

第四章 高中地理之学校战略支持 087

第一节 “求思文化”助力学科文化发展 089

第二节 课题研究推动科学素质教育综合示范校建设 092

第三节 建立健全科学素质教育评估体系 099

第五章 高中地理之教师队伍建设 113

第一节 构建可持续发展的学习型教研团队 115

第二节 加强师德修养，用爱培育理想 124

第三节 构建教、学、研一体的学科教研模式 134

第四节 打造教师专业化成长发展平台 138

第六章 高中地理之课程资源开发 141

第一节 课程资源开发的前提：提高教学效能 143

第二节 课程资源开发的核心：构建教学特色 151

第三节 校本课程开发的目标：提升课堂质量 155

第七章 地理学科之学生培养规划 159

第一节 基于“智慧学伴”的地理学科能力发展研究 161

第二节 让生态文明教育贯穿地理教学始终 165

第三节 “紫微垣”天文社——启迪智慧，仰望星空 170

第八章 高中地理教学实践案例 179

第一节 城市历史景观的保护 181

第二节 地球圈层的解析 184
第三节 细说河流的故事 190
第四节 文化扩散的奥秘 192
第五节 全球气候变化对人类活动的影响 195

第九章 行走在地理学科教育之路上 199
第一节 启迪慧思：国培计划在行动 201
第二节 臻思敏行："缜思—敏行—务实—创新"学访之行 207
第三节 潜心研学：未来教育家奠基工程 211

参考文献 217

结 语 225

绪 论

教育，一场爱的行走

当今时代，科技进步日新月异，知识经济迅猛推进，经济社会发展的核心力量日益转向创新驱动。在这样急需创新人才的时代，兴国必先兴学，强国必先强教。2013 年，习近平总书记在联合国“教育第一”全球倡议行动一周年纪念活动上发表的视频贺词中指出：“中国将坚定实施科教兴国战略，始终把教育摆在优先发展的战略位置，不断扩大投入，努力发展全民教育、终身教育，建设学习型社会，努力让每个孩子享有受教育的机会，努力让 13 亿人民享有更好更公平的教育，获得发展自身、奉献社会、造福人民的能力。”当前经济和科技上的差距，说到底是人的素质上的差距。只有高度重视和发展素质教育，大力培养创新型人才，才能加快实现发展方式的转变，提升发展的质量，为国家发展和民族振兴奠定坚实的人才基础，抢占发展主动权和制高点，在激烈的国际竞争中立于不败之地。

因此，如何实现素质教育，如何利用素质教育培养成民族所需、国家所需、时代所需的教育人才，是当今教育实践中最重要的问题。

《礼记·学记》中写道：“教也者，长善而救其失者也。”教师，自教育诞生以来，就不是单纯的知识传授者，而应该是集“教化、传道、授业、解惑”于一身的学生人生路上的引路人。在传统的教育观念中，教师始终占据着教学的主导地位，习惯主观盲目地为学生安排一切教育内容，学生则依赖性强，自身锻炼不足。久而久之，教育对学生来说，只是知识的无效堆叠，学生本身的创造力和个性无法得到实现。教育大师艾尔弗雪德·诺恩·怀特海在《教育的目的》一书中指出："学生是有血有肉的个体，教育的目的是激发和引导他们的自我发展之路。"新课程要求做好素质教育、做好创新教育。我国教育发展正处在由全面普及向质量提升的跨越阶段，"上好学"的问题日益凸显。只有全面贯彻党的教育方针，大力实施素质教育，才能推动我国教育在新的起点上向前发展，实现教育强国的目标。本书在新课程改革的背景下，基于高中地理教学的实战经验，从以下几个方面对高中地理教育和课程改革进行解读：

第一，从解析高中地理学科教育的培养目标入手，阐释课程结构，以培养具有责任心和世界观念的人民、具有"上知天文，下知地理"的综合素质的人民为学科培养的方向与目标。从整体上概括如何通过地理教育实现现代教育中的时代性和"科学精神与人文精神的统一"，如何实现地理知识的终身学习。从高中地理学科培养目标解析、高中地理学科课程结构与体系和高中地理学科核心素养要求等方面进行阐述，带领读者全面认识高中地理。

第二，强调教学理念更新，教学手段创新，教学模式改革，建议以提升课堂为目标，精心设计课堂教学环节，探索创新高中地理教学模式。笔者在自身的实践过程中，形成了"图式—探究—合作"的新型教学模式，在地理教学中应用实践思维导图新形式和异步教学理论，优化高中地理课堂教学，更好地体现出"自主学习、探究学习、合作学习"的教学新理念，进而达成新目标、新阶段、新进步。

第三，以自己的教学经验为起点对高考进行专业的分析和阐述。高考始终是高三学生面临的最大挑战，分析高考地理试题中的"变与不变"，做到灵活运用，以"不变"应"万变"，才可以使学生从真正意义上得到能力的培养和训练，尽快达到高考对学生各种能力的要求。笔者通过对历年来高考题目的解析，科学合理地预测未来试题发展的新趋势、新思路和新方法。

第四，强调高中地理学习对学生学科素质和综合素质培养的意义。习近平总书记深刻指出："教育是提高人民综合素质、促进人的全面发展的重要途径，是民族振兴、社会进步的重要基石，是对中华民族伟大复兴具有决定性意义的事业。"在学生培养过程中，需要注重综合素质的培养，注重学生创新意识和创新能力的培养。教育发展新时期，开发创新教学方法，更新地理教学模式，改革教育评估体系，在学校相关战略的支持下帮助教学实践顺利进行，帮助学生全面发展、综合发展、素质发展。

第五，不断强调了积极建设教师队伍的必要性。时代在发展，教师也不该故步自封。发展的教师、创新的教师、终身学习的教师才是这个时代所需的教师。为实现教师队伍的可持续发展，笔者提出搭建教师评价平台，构建教、学、研一体的学科教研模式，并打造教师专业化成长发展平台，用爱培养教育理想，以良师育良材，以良材助国兴。教师不应在"今天的课堂"里，重复"过去的故事"；应该要敢于抛开"形式和套路"，追求"价值与意义"，这既是教师修身立学的基本，又是育人治学的追求。良师咸集而化育英才，则当助教育兴、国家兴、民族兴。

第六，讲述新课程改革的背景下，高中地理教学改革的前景。随着新课改的深入推进与新课程的深入实施，地理教学中不断践行与讨论"课程资源的开发利用"等相关问题，对于课堂教学的有效开展、教师教学水平的提高以及学生素质的全面发展等具有重要意义。教育者需要不断对课程资源进行开发，通过对教材、教学方法等资源的二次开发，进而明确教学目标、构建教学特色、提升课堂实效。让受教育者通过思维运动参与到课堂活动中，有利于教学目标实现，更能彰显高中地理学科的魅力。

第七，强调教师应注重培养学生的地理综合能力，阐明多种学生培养规划方案，培养综合性和创新性人才。教师在教学实践的过程中应该意识到尊重学生个性、培养学生创新能力的重要性。教育从来不应该是一成不变的，更不该是无差别的。每一个学生作为不同的个体都应该被因材施教，在合理的教学方法中被给予合理的指导。只有教师意识到，教育“人”应该是创造条件，促使学生与外界相互作用，使认知结构不断发展，使受教育者建立属于自己的独立人格，使其具有判断能力和思考能力，这样才能培养出有思想、有能力的时代所需的综合性、创新型人才。

第八，分析讲解提升应用能力的实践活动，阐述新时代对新教师提出的新要求。实践能培养学生的地理知识获取能力，改变单一课堂活动现状，实现地理教学创新和学生素质培养和未来教育家的培养。而这也对教师提出了新要求。教师应是课堂教学的革新者、组织者，学生学习的引导者、促进者，在教学过程中，应从学生的实际出发，紧紧抓住课堂教学改革这个中心环节，通过优化方法提升课堂有效教学。教师在教学中要学会取他人之长补己之短，不断反思总结，努力提高自身的教育教学水平、提高学科教学质量。

教育家斯宾塞说：“教育要为未来的生活做准备或认为教育即生活本身，其注重的是使受教育者学会怎样生活。”而这正是如今素质教育的中心目标。今天教育的目的就是让人成为真正的人，为社会做出自己的贡献，让每个生命都能感受到自己的成长。教师作为灵魂的奠基人，要时刻加强自身师德建设，始终践行终身学习的理念，不断根据时代的变化更新自己的教学理念和教学方法，在教育实践中不断改进和反思，力求因材施教，用爱和理想帮助每一个学生成长为有个性、有逻辑思维、有知识网络、有创新能力、有良好的道德品德和综合素质的新青年。“教育决定着人类的今天，也决定着人类的未来。”只有通过教育不断培养社会需要的人才，才能使人们更好地认识世界和改造世界、更好地创造人类的美好未来！

第一章

高中地理学科教育之我见

培养具有责任心和世界观念的人民，已成为国际社会公认的教育新理念，“上知天文，下知地理”的综合素质的培养极为重要。在这方面，地理教育这一“兼具人文和逻辑”的学科，具有其他学科教育无法替代的作用。为实现现代教育中的时代性和“科学精神与人文精神的统一”，要求教师应树立新型的现代教育观念，注重学科之理论根本，也注重学科与时政时事的联系，看国际热点，问经济动向，拓宽学科知识视野，了解世界最新发展动向。新的地理教育观认为，接受地理知识是一个终身学习的过程。因此，地理学不仅要向学生传授基本的地理事实、概念、原理等知识，还要注重培养学生的地理能力，帮助学生构建地理科学的观念，更要帮助学生打造更宽阔的世界观，学会用“地理”的眼睛看世界，用“地理”的头脑认识世界。因此，本章将从高中地理学科培养目标解析、高中地理学科课程结构与体系和高中地理学科核心素养要求进行阐述，带领读者全面地认识高中地理。

第一节

高中地理学科培养目标解析

列夫·托尔斯泰曾说：“人活着要有生活的目标：一辈子的目标，一段时间的目标，一个阶段的目标，一年的目标，一个月的目标，一个星期的目标，一天、一小时、一分钟的目标。”目标的重要性不言而喻，然目标有大有小，有近有远，生活亦然，学习亦然。地理课程的目标是地理课程的基本要素之一，是地理课程设置预期所要达到的结果。在教育目的和培养目标的综合影响下，从课程的宏观把握出发，分层次、分阶段循序渐进地带领学生持续学习地理，每个年级、每个章节、每堂地理课都有自身的教学目标。正确认识和理解教学目标，更利于教师在教学过程中设计课堂侧重点，根据学生的认知和思维规律传授教学内容，培养学生能力，达到设置地理课程本身的期望。

一、高中地理课程的总目标

首先，高中地理课程必须要落实《基础教育课程改革纲要（试行）》以及《普通高中课程方案（2017 年版 2020 年修订）》所确定的培养目标，即让学生“初步形成正确的世界观、人生观和价值观。热爱祖国，拥护中国共产党。弘扬中华优秀传统文化，继承革命文化，发展社会主义先进文化，培育和践行社会主义核心价值观，增强文化自信，树立为中国特色社会主义、人民幸福、民族振兴和社会进步作贡献的远大志向；遵纪守法，履行公民义务，行使公民权利，维护社会公平正义，具有法治意识、道德观念。热心公益、志愿服务，具有奉献精神。尊重自然，保护环境，具有生态文明意识。维护民族团结，树立国家总体安全观，捍卫国家主权、尊严和利益；掌握适应时代发展需要的基础知识和基本技能，丰富人文积淀，发展理性思维，不断提升人文素养和科学素养。敢于批判质疑，探索解决问题，勤于动手，善于反思，具有一定的创新精神和实践能力。具有强烈的好奇心、积极的学习态度和浓厚的学习兴趣。能够自主学习，独立思考，形成良好的学习习惯和适合自身的学习方法。学会获取、判断和处理信息，具备信息化时代的学习与发展能力；坚持锻炼身体，养成积极健康的行为习惯与生活方式，珍爱生命，强健体魄。自尊自信自爱，坚韧乐观，奋发向上，具有积极的心理品质。具有发现、鉴赏和创造美的能力，具有健康的审美情趣。学会独立生活，热爱劳动，具备社会适应能力。正确认识自我，具有一定的生涯规划能力。文明礼貌，诚信友善，尊重他人，与人和谐相处。学会交流与合作，具有团队精神和一定的组织活动能力，具备全球化时代所需要的交往能力。尊重和理解文化的多样性，具有开放意识和国际视野。”

其次，高中地理课程目标必须依据高中地理课程的课程性质，符合高中地理课程的基本理念，顺应高中地理课程的设计思路。遵循上述原则高中地理课程的总目标确定为：“通过地理学科核心素养的培养，从地理教育的角度落实立德树人根本任务。”

最后，这个总目标是一个宏观的、综合的目标，为了进一步明晰这一目标，这一总目标的成功离不开具体目标的实现。

高中地理课程具体目标如下：第一，学生能够正确看待地理环境与人类活动的相互影响，深入认识两者相互影响的不同方式、强度和后果，理解人们对人地关系认识的阶段性表现及其原因，认同人地协调对可持续发展具有重要意义，形成尊重自然、和谐发展的态度。第二，学生能够形成从综合的视角认识地理事物和现象的意识，对地理各要素之间的相互作用关系有较强的分析能力，并在一定程度上解释地理事物和现象发生、发展的过程，从而较全面地观察、分析和认识不同地方的地理环境特点，辩证地看待地理问题。第三，学生能够形成从空间—区域视角认识地理事物和现象的意识，对地理事物和现象的空间格局有较强的观察力，并运用区域综合分析、区域比较、区域关联等方法认识区域，简要评价区域现状和发展。第四，学生能够运用所学知识和地理工具，在室内、野外和社会的真实环境下，通过考查、实验、调查等方式获取地理信息，探索和尝试解决实际问题，具备活动策划、实施等行动能力。

这些目标的实现不是一概而论，而是充分考虑学生发展的多元需求，不同的学习阶段应制定不同的学习目标。按照普通高中课程方案的规定，必修课程的内容应精选学生终身发展必备的地理基础知识和基本技能，以满足全体学生基本的地理学习需求。选择性必修课程内容应在必修课《普通高中地理课程标准（2017年版 2020 年修订）》的基础上加深或拓展，以满足部分学生升学考试或就业的需要。选修课程应提供多样化的课程清单，以满足不同学生兴趣爱好、学业发展或职业倾向等进行选课的需要。

二、必修课程——满足全体学生基本的地理学习需求

千里之行，始于足下；九层之台，起于垒土；合抱之木，生于毫末。万丈高楼平地起，如果基础没有打牢，知识的大厦是无法建得牢固的。知识体系环环相扣，一丝一线构成相互联系的知识网络。若在其中知识掌握不牢，没有坚实的基础，体系只会是漏洞百出。学生在每一个学科中所学到的知识都是循序渐进的，由简到繁，

由易到难，由单一到综合，由正至反。而在这样的学习过程中，简单的知识无法掌握，由此延伸出来的重难点便更加难以把握。因此，想要学好一门学科，就一定要先学好该学科的基础知识。只有对基础知识做到融会贯通，后续较为困难的知识学起来才能得心应手。

掌握地理基本知识与形成基本地理技能不仅形成丰富学生的知识体系，更是学生解决地理问题的基础，并且也有助于培养学生智能，发展学生个性，实现学生综合发展，为学生未来的学习、生活作出指导。因而，能满足全体学生基本的地理学习需求的知识，就是我们必修阶段需要学习的知识。必修课程包括两个模块，即地理 1 和地理 2。

地理 1 主要包括三方面内容：地球科学基础，自然地理实践，自然环境与人类活动的关系。这一条目标涉及的知识内容，旨在帮助学生了解基本的地球科学知识，理解一些自然地理现象的过程与原理，增强对生活中的自然地理现象进行观察、识别、描述、解释、欣赏的意识与能力，树立尊重自然、顺应自然、保护自然的观念。地理 1 侧重自然地理。

学习本模块之后，学生能够运用地理信息技术或其他地理工具，观察、识别、描述与地貌、大气、水、土壤、植被等有关的自然现象；具备一定的运用考查、实验、调查等方式进行科学探究的意识和能力（地理实践力）。能够运用地球科学的基础知识，说明一些自然现象之间的关系和变化过程（综合思维）。能够在一定程度上合理描述和解释特定区域的自然现象，并说明其对人类的影响（区域认知、人地协调观）。

地理 2 主要包括四方面内容：人口、城镇和乡村，产业区位选择，环境与发展。本模块旨在帮助学生了解基本社会经济活动的空间特点，树立绿色发展、共同发展、人地协调发展的观念。

人文地理是以人口、经济和社会活动为核心，揭示人类活动的地域空间形态，包括三方面的内容：区位、地域类型及可持续发展，而区位理论是人文地理学的核心，该内容理论联系实际的特点相对突出，能够有效考查获取信息、分析迁移、解决问题等的能力，所以掌握人文地理试题的特点，学会运用区位理论①去分析和解决现实问题，是人文地理学习的主要目标。许多人文地理试题考查学生灵活运用所学知识的能力，所以试题往往不限于书本知识、不限制学生的思维，而是任由学生的思维发展。所以，应结合课本中某一具体案例思考实际问题，尽量从多角度、多方面去思考问题，掌握一定的规律，从而很好地培养学生的知识迁移能力。

学习本模块之后，学生能够运用地理信息技术或其他地理工具，收集和呈现人口、城镇、产业活动等人文地理数据、图表和地图（地理实践力）。能够描述人文地理事物的空间现象及其变化，解释不同地方的人们对产业活动进行区位选择的依据（综合思维、区域认知）。能够形成判断人类活动与资源环境问题关系的初步意识（人地协调观）。

三、选择性必修课程——满足部分学生升学考试或就业的需要

通过这一阶段学习，满足学生对自然地理基础知识的需求。比如学生能够说明地球运动的地理意义；能够说明岩石圈物质循环过程；能够解释内力和外力对地表形态变化的影响，并说明人类活动与地表形态的关系；能够分析锋、低压（气旋）、高压（反气旋）等天气系统，并运用简易天气图，解释常见天气现象的成因；能够说明气压带、风带的分布，并分析气压带、风带对气候形成的作用，以及气候对自然地理景观形成的影响；能够解释各类陆地水体之间的相互关系；能够说明

① 区位主体是指与人类相关的经济和社会活动，区位理论是研究人类经济行为的空间区位选择及空间区内经济活动优化组合的理论。

世界洋流的分布规律，并举例说明洋流对地理环境和人类活动的影响；能够分析海—气相互作用对全球水热平衡的影响；能够解释厄尔尼诺现象、拉尼娜现象对全球气候和人类活动的影响；能够分析自然环境的整体性和地域分异规律。

自然地理对学生来讲是比较难学的，分析近几年的高考地理试卷，高考涉及的自然地理（含地图）知识都占到相当大的比例，尤其是等高（深）线地形图、比例尺与区时或地方时的计算、昼夜长短变化与正午太阳高度、大气运动、天气系统与气候知识、海水运动、河流补给、自然地理环境的整体性与差异性等内容出现的频率更高，而且由于自然地理能够很好地考查学生的思维逻辑方法以及空间想象能力、综合分析能力、逻辑推理能力和地理探究能力，因而历年来都是高考的考查重点。因此，抓住重点，准确把握高考趋势和命题方向，透彻理解原理和规律，形成灵活运用知识的思维能力，将有助于推进地理复习的有效开展。

高中地理要求从成因上认识区域差异，通过选择不同案例帮助学生正确认识区域同人类的关系、区域的开发整治和区域可持续发展。结合实例，说明区域的含义及类型，从地理环境整体性和区域关联的角度，比较不同区域发展的异同，也说明因地制宜对于区域发展的重要意义。以某大都市为例，从区域空间组织的视角出发，说明大都市辐射功能，分析地区产业结构变化过程及原因。以某资源枯竭型城市为例，分析该类城市发展的方向。以某生态脆弱区为例，说明该类地区存在的环境与发展问题，以及综合治理措施。以某区域为例，说明产业转移和资源跨区域调配对区域发展的影响。以某流域为例，说明流域内部协作开发水资源、保护环境的。结合“一带一路倡议”，说明国际合作的重要意义。

这一部分以案例教学为主，案例教学是集开放式和互动式于一身的新型教学方式。这一方式起源于教师的岗位培训和职业技术教学，后来逐渐推广应用于各类教学领域。我国对案例教学的实践和研究起步较晚，但随着新课程标准的执行和新教材的使用，特别是以探究性学习为核心的综合实践课程的设置，使案例教学得以逐步推广并应用于各学科教学之中。案例教学作为一种新型教学形式，与传统的教学形式互补互进，使地理课堂教学变得异彩纷呈，生机勃勃。高中地理案例教学是通过对一个具体的地理教学情境的描述，引导学生对案例进行观察、调查、分析、讨论、实践、思考和归纳的一种开放式教学方法。这种方法，不仅有传授学生“知识”的方法，还包括教会学生“学习”的方法，即教“知识”的同时渗透“学知识的方法”；在让学生学“知识”的同时，学会“学习的方法”，从而培养他们的创新意识和实践能力，是教法和学法的有机整合，符合地理新课程标准的理念。

对“区域可持续发展”这一目标的教学看起来更偏向生物和化学学科，但实际上与地理学息息相关。地理学是研究地理环境及人地关系时空变化规律的科学，是沟通自然与人文的桥梁。对人地关系的分析研究，应该说是地理学的“看家”本领。而人地关系的主要内容之一，则是人类社会与地理环境之间的因果关系。近代地理学的先驱洪堡、李特尔创立的因果关系论，旨在研究地理环境与人类社会相互作用的因果关系，试图在自然历史与人类历史的多方面分析比较中，寻找两者之间的联系与规律。我国近代地理教科书的编写和地理教学，更注重“人地相关”的因果关系分析。而可持续发展，正是对“人地关系”的一种探讨。在当前“地球村”的世界共同认知下，“既满足当代人的需求，又不对后代满足其自身需求的能力构成危害”的可持续发展观，对学生进行深入的可持续发展意识教育，培养可持续发展素养，争做21世纪合格世界公民，是地理教育的重要职责。《普通高中地理课程标准》在内容标准中要求树立正确的人口观、资源观和环境观，使学生意识到若以可持续发展观作为行动的准则可以使社会、经济、生态将朝向和谐的方向稳步发展。

选择性必修三主要内容是资源、环境与国家安全。本模块主要包括三方面内容：自然资源开发利用，环境保护，资源、环境对国家安全的重要意义。本模块旨在帮助学生了解资源、环境与国家安全的关系，增强保护资源与环境的意识，树立维护国家安全、发展利益的观念。

针对这一模块的学习内容的特点，建议教师以资源、环境与国家安全的关系为线索组织教学内容。提倡采用图表判读、综合分析等方法，帮助学生理解资源、环境问题的基本内涵，并能站在国家安全、国际合作的高度，认识资源和环境的现状、问题及对策措施，了解资源、环境问题对于国家安全的重要性。组织学生开展社会调查和专题探究。创设多种教学情境，诸如资源短缺、环境恶化的模拟情境，调查家乡的资源、环境问题，讨论节约资源和保护环境的重要意义，树立“绿水青山就是金山银山”的理念。

学习本模块之后，学生能够运用地理信息技术或其他地理工具，或实地调查身边的资源、环境状况，分析问题及成因，有理有据提出可行性对策（地理实践力）。能够综合分析各种区域性或全球性资源和环境问题对国家安全的影响，了解国家资源利用现状及政策法规《普通高中地理课程标准》对维护国家安全的意义（综合思维、区域认知）。能够树立和谐的人地关系是国家安全的重要保障的意识（人地协调观）。

四、选修课程

选修课程应提供多样化的课程清单，以满足不学生生出于兴趣爱好、学业发展或职业倾向等进行选课的需要。

选修一是天文学基础，主要包括四部分内容：天体观测，太阳系和地月系，太阳与恒星世界，银河系与宇宙。旨在帮助学生形成对天文现象的正确认识，激发探索宇宙奥秘的兴趣，逐步建立科学的宇宙观。

选修一的学习，可以帮助学生形成对天文现象的正确认识，逐步建立科学的宇宙观。组织学生观察星空，指导学生阅读星图，通过参观天文馆、天文台和请科学家做讲座等方式，提高学生对天文学的兴趣，激发探索宇宙的愿望。组织阅读、辩论、撰写天文学小论文等活动，让学生表达对天体形成、宇宙演化的看法。让学生掌握天象拍摄的基本方法，制作简单的天文模型，如月相变化模型。在课堂上讲述“星云、星系鉴赏”等内容，增强学生对宇宙天体的欣赏能力。

选修二是海洋地理，主要包括四方面内容：海岸与海洋，海洋资源与开发，海洋灾害与污染，海洋权益。旨在帮助学生感知海洋的浩瀚，认识不同海洋区域的共性和差异性，理解海洋对人类的重要意义，以及人类对海洋的巨大影响。

通过选修二的学习，可以帮助学生从海岸到海洋、海表面到海底两大空间维度，认识海洋、理解海洋和热爱海洋，在学习过程中增强海洋意识，理解坚持陆海统筹、建设海洋强国的意义。运用综合分析的方法，理解人类与海洋长期以来的相互关系，关注海洋自然特征、海洋资源、海洋保护、海洋权益等问题。引导学生感知不同海洋区域的差异性。有条件的学校尽可能在海洋自然环境或与海洋事件有关的真实情境下教学，或者在假设性和模拟性的海洋环境下进行教学。

选修三是自然灾害与防治，主要包括四方面内容：自然灾害的构成要素，主要自然灾害的成因、特点与危害，自然灾害的地域差异与空间分布，防灾减灾的策略与措施。旨在帮助学生认识自然灾害发生与分布的规律，树立科学的灾害观与减灾意识，提高其生存能力。

选修四是环境保护，主要包括四方面内容：环境问题与环境过程，水环境，大气环境，土壤环境。旨在帮助学生认识环境状况，了解环境问题的形成，以及环境保护的方法与措施，理解生态文明建设是中华民族永续发展根本大计的道理。

帮助学生了解环境问题、环境保护与修复措施等，懂得从源头防治的重要性。

除课堂讲授外，鼓励学生主动探究身边的环境问题，提出相应的解决措施。鼓励学生走访调研，如调查学校附近农田农药、地膜、化肥的使用，以及垃圾分类情况；采集农田土样，分析土壤污染情况。采集河流水样，测试水污染状况，提出水资源保护方案。建议学校配备地图或遥感影像，采集水样、土样的基本设备，以及测试水、土、气样本的试剂、试纸、称量工具等。

选修五是旅游地理，主要包括三方面内容：旅游资源及其空间分布，旅游产业活动及其空间分布，旅游资源和旅游地的保护。旨在帮助学生形成发现区域旅游资源的意识，学会欣赏区域环境差异带来的美感，成为尊崇自然、尊重文化的人。

帮助学生初步掌握发掘区域自然和人文旅游资源的基本方法，以及旅游资源评价和分级的简单方法。注重创设情境，帮助学生了解旅游资源的开发条件，以及旅游开发对社会、环境的影响；尝试设计旅游活动的时间和路线。

选修六是城乡规划，主要包括三方面内容：城镇和乡村，城镇化，城乡布局和规划。旨在帮助学生形成城乡融合发展观念，以及在城乡规划中保护环境和传统文化的意识。

帮助学生正确认识城乡规划的基本内涵，了解城乡规划的原理和方法。除课堂讲授外，注重组织学生收集资料，进行案例分析，开展专题探究等，培养学生的学习兴趣。可以运用有关资料，开展城乡规划的模拟活动，让学生以规划者的身份，提交规划方案，开展比较评价。还可以组织学生开展关于社区公共服务设施布局或乡村振兴规划的问卷调查，撰写调查报告。

选修七是政治地理，主要包括三方面内容：国家领土观念，综合国力，世界政治地理格局。旨在帮助学生从国家领土观念、综合国力、世界政治地理格局等方面，认识当今世界政治地理的基本问题和背景，理解国际政治、经济发展的变化和趋势，认识我国周边地缘政治的主要问题和背景，懂得和平发展、互利共赢的重要性。

选修八是地理信息技术应用，主要包括四方面内容：地理信息系统（GIS），遥感（RS），全球卫星导航系统（GNSS），数字化生存。旨在帮助学生掌握初步的数字化生存技能，在生活或工作中学会用电子地图、遥感、定位系统等解决问题，并会使用地理信息技术分析地理问题。

选修九是地理野外实习，主要包括四方面内容：考察工具的应用，野外观察、发现与欣赏，野外地理信息获取与样品采集，考察报告撰写与交流。旨在通过实践训练，提升学生使用各种工具获取野外地理信息，观察、发现、提出并获取证据，分析论证地理科学问题的能力，培养欣赏大自然的情趣。

纵观高中地理教材的设置由简单到复杂、由基础到个性化，这样一种循序渐进、因人而异的设计培养了学生的地理学科核心素养，学生通过学科学习而逐步形成的正确价值观、必备品格和关键能力。地理学科核心素养主要包括人地协调观、综合思维、区域认知和地理实践力，它们是相互联系的有机整体，核心素养包括的种种能力都在必修、选择性必修、选修等一系列教材中得到培养和升华。

第二节

高中地理学科课程结构与体系

与初中地理不同，高中地理课程不再全面地学习区域地理：高中的必修课程大体上是学习系统地理，而选修课程除了个别一些模块以外基本上是学习应用地理。此外，高中地理课程更“注重与实际相结合，要求学生在梳理、分析地理事实的基础上，逐步学会运用基本的地理原理探究地理过程、地理成因以及地理规律等”，这就要求教师深刻理解高中地理教学内涵，因材施教。最基本的要求便是钻研教材，深刻领会编者设计意图。教材是教学的蓝本，也是核心标准，教材的编写综合考虑了大多数学生的情况，可以说是开展教学的重要依据。作为教师，应花费足够多的时间来钻研教材。通常情况下，普通教师对于教材钻研局限于读懂，但实际上真正的教材钻研，不仅要熟练掌握书中的知识点，还要了解编者的意图，同时要考虑这些知识点可以与哪些现实问题结合，考查学生的素质与能力。真正一流的名师，必然是对教材烂熟于胸。读懂、读通、读透地理教材，是对地理教师的基本要求。

高中地理课程分为必修、选择性必修和选修三类课程。必修课程包括两个模块，即地理 1、地理 2。选择性必修课程包括 3 个模块，即自然地理基础、区域发展资源、环境与国家安全；选修课程包括 9 个模块，即天文学基础、海洋地理、自然灾害与防治、环境保护、旅游地理、城乡规划、政治地理、地理信息技术应用、地理野外实习。必修、选择性必修、选修三者既相对独立又相互联系，三者无可分割，是一个有机的整体。

地理 1 主要包括三方面内容：地球科学基础，自然地理实践，自然环境与人类活动的关系。这一条目标涉及最基本的地球科学知识和一些自然地理现象的过程与原理，帮助增强对生活中的自然地理现象进行观察、识别、描述、解释、欣赏的意识与能力，树立尊重自然、顺应自然、保护自然的观念。侧重自然地理。有关“地球科学基础，自然环境与人类活动的关系”的知识应该可以说是高中地理课程的经典内容，并且是学习人文地理、人地关系有关知识的基础。

地理 2 主要包括四方面内容：人口，城镇和乡村，产业区位选择，环境与发展。人文地理是系统地理的重要分支之一，与自然地理学并列为系统地理的两大支柱。人文地理基础知识，这对于培养未来公民必备的地理素养，关注人口、城镇和农村、环境和区域发展等问题，以利于学生正确认识人地关系，形成可持续发展的观念，珍爱地球、善待环境等都是极为重要的。并且，人地关系以及可持续发展理论不仅是高中地理课程的核心论题，还是整个基础教育地理课程的核心论题。

地理 1 以自然地理内容为主，包括地球的宇宙环境、地球的四大圈层、自然环境的整体性差异性等传统内容，但又不拘泥于纯自然地理结构，而以“自然环境对人类活动的影响”作为总结，紧扣可持续发展这一核心论题。地理 2 以人文地理内容为主，包括人口与城市、工农业区位因素等经典内容，但也不拘泥于纯人文地理结构，以“人类与地理环境的协调发展”结尾，阐述可持续发展的缘由、基本内涵和任务。

选择性必修一主要内容是自然地理基础，本模块主要包括三方面内容：地球运动，自然环境中的物质运动与能量交换，自然环境的整体性和差异性。这一阶段旨在帮助学生了解人类生存的自然环境特征，理解自然环境及其演变过程对人类活动的影响，提升认识自然环境的能力与意识水平，树立人与自然是生命共同体的观念。

选择性必修二主要内容是区域发展，本模块主要包括三方面内容：区域的概念和类型，区域发展，区域协调。本模块旨在帮助学生了解区域特征及发展路径，理解区域创新发展和转型发展的重要意义，树立因地制宜、人地和谐的区域协调发展观。

选择性必修三主要内容是资源、环境与国家安全。本模块主要包括三方面内容：自然资源开发利用，环境保护，资源、环境对国家安全的重要意义。这一阶段的学习涉及资源、环境与国家安全等方面：自然资源的数量、质量、空间分布与人类活动的关系；矿产资源为其分布特点及开发利用现状；中国耕地资源的分布，其开发利用现状，以及耕地保护与粮食安全的关系；海洋空间资源开发对国家安全的影响；碳排放对环境的影响以及碳减排国际合作的重要性；设立自然保护区对生态安全的意义；污染物跨境转移对环境安全的影响；环境保护政策、措施与国家安全的关系。

高中地理选择性必修课程课程由“自然地理基础，区域发展，资源、环境与国家安全”三个模块组成。这些选修模块涉及地理学的理论、应用、技术等各个层面，选择的内容大都关注人们生产生活与地理密切相关的领域，凸显地理学的学科特点与应用价值，并且有些选修模块的设置是以目前中学地理教学界的教学实践为依据，以高中学生的兴趣爱好为出发点，目的是利于开阔学生的视野，进一步提高学生的科学精神与人文素养。选择性必修二则以区域作为载体，介绍区域同人类的关系、区域的开发整治等，同样紧扣可持续发展这一核心论题。当然，选择性必修二的区域的内涵等内容，和初中地理介绍世界和中国各地概况的区域地理是完全不同的。

选修一是天文学基础，主要包括四部分内容：天体观测，太阳系和地月系，太阳与恒星世界，银河系与宇宙。选修二是海洋地理，主要包括四方面内容：海岸与海洋，海洋资源与开发，海洋灾害与污染，海洋权益。选修三是自然灾害与防治，主要包括四方面内容：自然灾害的构成要素，主要自然灾害的成因、特点与危害，自然灾害的地域差异与空间分布，防灾减灾的策略与措施。选修四是环境保护，主要包括四方面内容：环境问题与环境过程，水环境，大气环境，土壤环境。选修五是旅游地理，主要包括三方面内容：旅游资源及其空间分布，旅游产业活动及其空间分布，旅游资源和旅游地的保护。选修六是城乡规划，主要包括三方面内容：城镇和乡村，城镇化，城乡布局和规划。选修七是政治地理，主要包括三方面内容：国家领土观念，综合国力，世界政治地理格局。选修八是地理信息技术应用，主要包括四方面内容：地理信息系统（GIS），遥感（RS），全球卫星导航系统（GNSS），数字化生存。选修九是地理野外实习，主要包括四方面内容：考查工具的应用，野外观察、发现与欣赏，野外地理信息获取与样品采集，考察报告撰写与交流。

选修一“天文学基础”的设置，目的是使学生从宏观层面认识地球的宇宙环境、地球自身的演化历程和地表形态的特征及其成因。虽然必修课程对相关内容已有所涉及，但是通过本模块的学习，将有助于学生更加深入地了解自然地理环境的形成机制和发展规律，进一步深刻认识遵循自然客观规律和促进人地协调发展的意义。本模块因其所包含的内容，如“宇宙大爆炸”假说、恒星的演化、九大行星的运动特征、月相与潮汐变化的关系、地质年代的生物演化简史，以及风力、流水等外力对地表形态变化的影响等，与物理学、化学、生物学等都有紧密的联系。因此，本模块不仅能拓展学生的知识视野，增强学生探索宇宙奥秘的兴趣，培养辩证唯物主义宇宙观，还有助于引导学生在学习过程中关注学科间的相互联系，逐步形成综合贯通的学习能力。

“天文学基础”这一模块，采用从远及近，由大至小讲述了“宇宙”“太阳系和地月系”“地球的演化”和“地表形态的变化”四部分内容。

第一部分“宇宙”，主要是简介“大宇宙爆炸”假说的主要观点、恒星演化主要阶段、人类探索宇宙的历程，并讲述天体观察的基本方法和星空季节变化的基本规律。通过这一部分的学习，要使学生对宇宙有一个概要的认识。第二部分“太阳系和地月系”，主要讲述太阳和太阳系、地球和地月系的概貌。太阳是地球上光和热的源泉，月球是距离地球最近的一颗天体，其引力作用和太阳的光热对地球环境的形成都有着重要的作用。通过这一部分学习，要使学生对影响地球自然状况太阳和月球有一个概要的认识。第三部分“地球的演化”，主要讲述地质史和板块构造学说的主要内容。现今地表的形态、生物群落，都是地球自身长期演化的结果。而板块构造学说是目前能较好解释地球表面海陆分布及火山、地震和高大山脉等的分布的一种学说。通过这部分的学习，要使学生对地球自身演化的历史有初步的了解，并能运用板块构造学说解释地表的一些现象。第四部分“地表形态的变化”，主要讲述一些常见地貌类型的特征及外力作用对地表形态变化的影响。通过这一部分学习，要使学生认识到地表形态在外力作用下，有其自身发展变化的规律，人类在改造地表形态时，不可忽视自然界发展变化的客观规律。

海洋地理是地理科学与海洋科学相互结合的一门综合性学科，具有自然科学、社会科学、技术科学相互交叉渗透的特点。海洋地理的研究对象除海洋水体外，还包括海岸与海底，其研究范围涉及地球的岩石圈、水圈、大气圈和生物圈四大圈层。研究内容主要包括海洋地理环境、海洋资源开发利用、海洋环境保护、海洋立法与管理以及海洋信息技术应用等。选修模块“海洋地理”分为“海洋和海岸带”“海洋开发”“海洋环境问题与保护”“海洋权益”四大部分，每一部分都有相对独立的内容，但彼此之间又密切联系。

其中，“海洋和海岸带”以探究海洋地理基础知识为主，强调海洋自然地理时空分布规律和主要形成原因。“海洋开发”结合海洋资源开发实例，强调开发特点、现状及前景。“海洋环境问题与保护”侧重理性分析、探究海洋环境问题的形成机制以及减灾防灾的对策措施，培养科学方法、科学决策能力，并将地理知识技能升华为现代公民必备的环境价值观和珍爱环境的伦理观念。“海洋权益”试图从各国普遍关心的海洋维权问题入手，通过关心和了解错综复杂的国际海洋斗争，培养学生的全球意识和爱国情感。“海洋地理”模块不仅局限于沿海省区各中学的学生选修，内陆省区的学生也应增强海洋意识。除了在知识与技能、过程与方法等方面规定的课程目标以外，“海洋地理”在情感、态度和价值观方面要求达到的目标是：努力增强未来劳动者的海洋意识，重视对海洋资源的开发与环境的保护，改变长期以来形成的“重陆轻海”的传统观念，以及“靠海吃海”、乱捕滥垦等狭隘落后的观念，树立新的海洋权益观、海洋经济观和海洋保护观以及爱海、护海、净海、养海的社会新风尚。

旅游是关联性极强的空间人文现象，“旅游地理”课程体现高中地理课程性质，尤其是其综合性和地域性两大特点。本模块在高中地理选修课程的七个模块中，与“城乡规划”模块同属于人文地理分支课程，旨在促进学生关注人口、资源、环境和区域发展等问题，正确认识人地关系，形成可持续发展观念，倡导自主学习、探究学习，开展地理观测、地理考查、地理调查等方面，具有很强的针对性，对于实现高中地理课程的基本理念有特别重要的作用。本模块熔智能与情感、兴趣与审美于一炉，全面体现高中地理的课程目标，对于学生形成地理学习兴趣，形成野外实践能力和探索精神，拥有健康的体魄等都有重要的作用。高中地理必修课程涉及经济地理、人口地理、聚落地理等人文地理分支内容，连同“城乡规划”选修模块，均侧重人类活动的物质层面。本模块则侧重人类活动的精神层面，与上述课程内容互补。

“城乡规划”是高中地理课程的重要组成部分，是七个地理选修模块之一，也是地理必修课程中城乡规划内容的拓展和延续。“城乡规划”选修模块基于自然地理和人文地理的基本知识和基本技能，从宏观上探讨城市和乡村的地理分布、城乡建设与地理环境的协调发展、构建良好的人居环境等内容。在高中地理课程中“城乡规划”选修模块具有以下特点：

第一，综合性强。本模块主要涵盖区域地理学、城市地理学、城市规划学等学科，并涉及地理学的其他学科。第二，区域性突出。本模块所阐述的内容实际上是特定区域内各种项目和资源的合理安排和优化配置。城市规划与乡村规划都要落实到具体的地理区域，与该区域的自然地理和人文地理环境密切相关。第三，实用性广泛。“城乡规划”选修模块主要阐述城乡规划的基本原理、城市与乡村的地理分布、人类活动与城乡建设的协调关系。目前我国社会经济正处于加速发展时期，城市和乡村都面临着大规模的建设任务。城乡建设经济投入多，涉及范围广，是区域经济、社会发展的重要方面。普及城乡规划的基础知识，城乡居民积极参与城乡规划的制定与实施，编制高、中水平的城乡规划，进行高水准的城乡建设，实属国民经济建设的重要内容和当务之急。就高中学生而言，日常生活中的城市规划与建设事例比比皆是，结合现实案例学习可培养其城乡规划能力，使其今后更科学地认识社会，提高自身的观察能力和决策能力，具有现实意义。因此，本模块要求广泛结合学生的生活实际。

“自然灾害与防治”教材在编写时，在注重地理学基本原理、方法和实践的基础上，更强调选材的研究性和实践性。同时，注意将灾害学的研究术语、最新成果科普化，将研究性地图教学化，从而拉近科学研究向素质教育的传递距离，力求将素质教育贯穿于教学中，提高学生自主学习和协作攻关的意识和能力。教材的编写从科学层面上看，是基于地理理论思维，反映灾害科学的内容；从教育层面上看，是基于地理素质教育，强化现代公民可持续发展观的素质培养；从实用价值层面上看，是基于学生生活能力的培养，开展应对非正常的、突发事件的能力训练。中国自然灾害种类多样、发生频繁且强度大。我国每年都要遭受自然灾害，减灾要从每一个人做起，对于高中生来说，不仅要掌握灾害与防治的基本知识，建立防灾减灾意识，还要了解中国国情，肩负起未来国家灾害研究和救助的重任，更要熟悉公共安全的“灾害防御与救助”。

环境保护是指人类为解决现实或潜在的环境问题，协调人类与环境的关系，保障经济社会的持续发展而采取的各种行动的总称。其方法和手段有工程技术、行政管理，也有法律、经济、宣传教育，环境保护课程本身是一种宣传教育的手段。选修模块“环境保护”主要从“环境与环境问题”“资源问题与资源的利用、保护”“生态环境问题与生态环境保护”“环境污染与防治”和“环境管理”五个板块展开。

第一章从总体上认识人类生存的环境，以及日趋严重并难以摆脱的各种环境问题，并引导学生了解什么是正确的人地观，从而形成正确的环境观和发展观，本章学习的目的在于转变观念。第二章主要讲解各类污染及其对污染的防与治，本章的目的在于学习某几类环境问题发生的机制、危害和人类目前采取的种种措施。第三章讲解如何合理利用和保护自然资源来改善环境问题。资源的有限性和人类需求的无限性之间的矛盾，是产生环境问题的根本原因，这个矛盾的突出表现在对资源的不合理利用，它直接造成环境污染和生态破坏加剧，与此同时环境污染和生态破坏又进一步加快了资源的短缺，所以如何合理利用和保护自然资源是改善环境问题的核心。第四章主要讲解如何保护各种不同类型的生态环境。生态环境与地理环境的概念是有区别的，在地球表层系统中，对生物生命活动起直接影响和作用的要素或因子的总和，称为生态环境。因此，与人息息相关的生态环境的保护需要去学习和了解。第五章作为结尾，教材编写的最终目的是要把观念、认识落实在行动上。

《地理信息技术应用》由地理信息技术基础知识构成，目标是让学生认识地理信息技术及其应用。地理信息技术是由遥感、全球定位系统、地理信息系统等空间信息技术相互交叉和渗透而形成的一个以地理信息系统为核心的地球空间信息技术体系。它随着空间信息采集、处理和传播技术的发展而发展。在地理信息技术体系中，地图是最基本的地理数据来源，也是表达地理数据分析结果的重要途径；遥感是获取高分辨率对地观测数据的重要手段；卫星定位与导航技术提供实时、动态的定位数据；地理信息系统对三维、动态的地理数据进行在线数据分析和系统模拟。它们在地理信息技术体系中各有分工。要系统认识地理信息技术体系必须首先认识它们的工作原理。地理信息技术各组成部分既相互独立又互相促进，共同构成适时的对地观测系统。

目前，地理信息技术广泛应用于农业信息化、城市管理与规划、资源清查与管理、环境监测与保护、灾害监测与评估、现代交通运输、国防建设，并部分进入平常百姓的日常生活。它们为人类认识、研究和治理地球，在地球表面更好地生活，提供了崭新的技术支持。这种支持既有单一技术实现的，也有多个技术协同完成的。因此，有人将地理信息技术与纳米技术、生物技术并列为当今世界三大技术，认为其将对人类生产和生活方式产生重要影响。这样一门影响深远的技术科学转化为学科，进入高中地理课堂，还需要反映其真实的应用价值。

地理信息技术是一个以地理信息系统为核心的地球空间信息技术体系。它的每个分支学科，如地图、遥感、卫星定位与导航技术、地理信息系统等，都涉及物理科学、计算机科学、信息科学、地理科学等多个学科。它们不仅具有深厚的理论基础，而且还随着计算机科学、信息科学等科学的飞速发展而发展。如此一个博大精深的技术体系，即使是专业地理信息技术工作者也很难系统、完整地掌握。作为高中地理选修课程，地理信息技术应用不可能，也没有必要将所有信息技术的理论和技术知识系统地展示给学生。所以，教师需要借助典型的案例剖析，展示最基础、核心的地理信息知识。

高中地理选修课程的设置是从学生的特长、爱好、兴趣、发展出发的，因此，所有的地理选修模块之间都没有递进关系而完全是平行的。《普通高中地理课程标准》对于选修课程学习顺序不做具体规定，"选修课可以在必修课之前、之后或者同时开设"。地理选修课程之所以作出这样的设计安排，一是考虑地理课程相对来说不像数学、物理、化学课程那样递进性严密，地理选修模块的绝大部分内容在没有必修课程基础的情况下，学生基本上还是可以修习的；二是考虑部分地理选修模块允许安排在高二甚至高一年级开始学习，这样可以避开高三年级的选修高峰，这也是从学生的个性特长出发考虑。

《普通高中地理课程标准》还规定，除了因条件不具备可暂缓开设"地理信息技术应用"模块以外，其他的地理选修模块在原则上各个学校都应开设其相关内容。《普通高中地理课程标准》还规定，"报考普通高校相关专业（如地学、环境、农林、水利、经济、管理、新闻、旅游、军事等）的学生必须修满地理选修课程 4 学分。"这就是说，有志于进入大学的上述相关专业深造的学生，必须在选修课程的七个模块中至少选择两个模块进行修习，并且必须获得相应的学分。

高中地理课程的设计思路都是"以培养国民现代文明素质为宗旨""全面体现地理课程的基本理念"，高中地理课程的内容"以可持续发展为指导思想，以人地关系为主线，以当前人类面临的人口、资源、环境、发展等问题为重点，以现代科学技术方法为支撑"。将来无论学生是参与工作，还是到大学进行学习，都会让学生有很大的提升，获益终身。

第三节

高中地理学科核心素养要求

高中阶段，各学科的教学目标不再注重单纯地传授知识和机械地考查知识，而是更加注重培养学生在学习过程中的核心素养，教会学生独立思考的能力。在高中地理的课堂设计中，我们应该以培养为主，训练为辅，着力于培养学生的核心素养。从核心素养的内涵体现着手，分析学生在高中地理阶段学习相关知识时应该具备的素养类别，为学生的学习指明方向；结合地理学科，引导学生在高中阶段培养与地理知识相关的核心素养，将核心素养的培养理论与具体的地理学习相结合，促进学生对于核心素养的了解以及相关地理知识的理解；最后将培养方案落实到课堂优化设计上，针对性地总结如何将核心素养与课堂设计结合在一起，为地理课堂的开展指明道路，同时提高教师的教学效率，锻炼学生的学习思维。

杜威的教育理论认为，落实情感、态度、价值观目标至关重要。立德树人的教育总目标也把立德放在首位，而地理学科承担了重要的落实任务。其中，人地协调观是地理学和地理教育的核心观念，指人们对人类与地理环境之间关系秉持的正确的价值观。人地协调观是贯穿地理学科的核心思想，更是地理教育的首要目标。学生建立人地协调观，就能够正确认识地理环境对人类活动的影响，以及人类活动影响环境的不同方式、强度和后果；能够理解人们对人地关系认识的阶段性表现及其原因；能够结合现实中出现的人地矛盾的实例，分析原因，提出改进建议。人地关系论是人文地理学的基础理论，也是人文地理学研究的中心课题。虽然人地关系是从人类起源以来就客观存在的，但人地关系理论在解决当前人类所面临的诸多全球性重大问题面前，正日益显示出其局限性。

假如“粗略”“绝对”把“人地关系”主要归属于人文地理等学科研究范畴的话，那么“地地关系”主要就是自然地理等学科的研究领域，而“人人关系”则主要由社会学等学科来研究。当今全球性的许多重大问题，不仅仅要从“人地关系”的角度考虑，还要从“地地关系”“人人关系”的角度，综合、全面地加以考虑。可持续发展理论则全面地涵盖了资源、人口、环境、经济、社会等各个领域，如果能得到切实、全面实施，对解决诸多全球性重大问题十分有益。高中地理课程以可持续发展理论作为教学内容的核心论题，可持续发展理论的内涵，将比人地关系理论更全面、更概括、更系统、更完整、更深刻，并且更具有现实和长远意义。可以说是在人地关系理论基础上的又一次提升和飞跃。

区域认知是地理学基本的认知方法，指人们运用空间—区域的观点认识地理环境的思维方式和能力，人们具备的对人地关系地域系统的特点、形成从区域的视角认识地理现象的意识与习惯，运用区域综合分析、区域比较等方式，来认识区域特征和区域人地关系问题，形成因地制宜进行区域开发的观念。区域认知需要地理实践进行辅助，因此对地理实践力的培养十分重要。地理实践力是指人们在地理户外考查、社会调查、模拟实验等地理实践活动中所具备的行动能力和品质。学生具备地理实践力，就能够运用适当的地理工具完成既定的实践活动，对地理探究活动充满兴趣与激情，用地理眼光认识和欣赏地理环境。利用知识体系的建立可以合理解释现实中的地理现象，而知识应用则是对知识体系的运用，体现了知识的价值和意义。以《人口与人种》一课为例，教师可以创建一个情境：一个村子，目前只有一口井供水，最多只能供应100人饮水，现在村子已有75人了，那该村未来的发展道路在哪里？实际上这就是对中国干旱地区缺水情况的一种简化思考，通过这个问题，学生能够联系资源、人口、环境以及科技发展等因素，从而建立起对现实问题的认知。

综合思维是地理学基本的思维方法，指人们运用综合的观点认识地理环境的思维方式和能力。综合思维是一个人的必备素养，是空间上用整体性思维、时间上用区域发展理论观察环境，从不同维度探讨地理问题，最终用时空综合的办法认识地理事物目的的一种思维方式。学生运用综合思维方法，能从多个维度对地理事物和现象进行分析，认识各要素之间相互作用、相互影响、相互制约的关系，分析不同地方或区域的地理环境特点，并且辩证地看待现实生活中的地理问题。

为了培养学生在地理知识学习过程当中的核心素养，教师应该处理好与学生之间的教学关系，充分发挥学生在课堂中的主体地位，以学为主、以教为辅，让学生形成自主学习与自主探究的学习习惯，促进学生养成良好的学习思维。让学生运用地理思维去解释地理问题，让学生在解决问题时有创新性。比如教师教学到气候变暖这一内容时，要给学生讲述气候变暖将会带来的一系列问题，还要带领学生分析出气候变暖的自然因素以及人为因素，从地理的角度去分析该问题。然后让学生积极思考如何解决气候变暖的问题，如何让人类与自然和谐相处，并提出个人的观点。

在地理教学中，教师可以组织学生使用所学的地理知识去认识自然环境。比如教师可以交给学生一个任务，让学生采摘一些植物作为样本，学生在采摘的过程中，能够对河流、高山有更加清楚的认识，而且学生还会自主地加强合作意识。教师在制订教学目标的过程中，要趋向于帮助学生对自身的学习进行规划，教学内容不能过于简单，而要适当提高难度，这样才能够提升学生的思维能力，让学生更好地掌握地理知识。比如教师教学到水资源这一方面的内容时，让学生进行分组讨论，将学生不同的观点都集中到一起，让学生能够了解到每个人的见解，学生就能够从多方面去了解如何节约水资源，有效提升学生的节约水资源意识。再比如学生在高中时期学习“冷热不均引起大气运动”的相关知识时，教师应该让学生预先通过网络或者辅导教材了解到大气运动的发生原因以及大气运动的规律，结合各地区的气候变化以及气象灾害对大气运动的影响，对于它们之间的联系有比较直观的认识。然后在课堂上适当地提出问题，考查学生对于这些知识的基本理解，然后引导学生进行自我实践与探究。

在整个过程当中，教师只是充当答疑解惑的角色，具体知识的探究都需要学生自主进行，在这个过程中，会涉及地图的使用以及空间视角的观察，能够帮助学生培养地图分析技能以及空间观察能力，促进学生核心素养的形成。教师在教学过程中要实现理论与实际相结合，理论来源于实践，同时也要反馈到实践当中去。在高中地理中，我们要善于指导学生促进理论与实际的结合，完成对知识的进化迁移。在这个过程中，学生也会了解到其他知识，有利于训练学生的综合思维，从而培养学生的核心素养。

要将地理核心素养真正落到实处，教师必须要树立以学定教的教学思路，结合教学内容及时调整教学设计，注重学生地理技能的培养，使地理课程的价值真正得到实现。高中阶段，学生在学习地理这门学科时应该将地理知识的理解与核心素养的培养相结合，首先通过确定、理性分析、发散思维三个方面初步了解核心素养的内涵体现，为自身的地理知识学习指明方向；然后结合到具体的地理学科，了解地理核心素养的构成，主要分为地图分析技能、空间观察视角、人文理念培养以及综合思维四个方面，从这四个方面来培养自身的地理核心素养；最后落实到课堂学习上，通过对地理课堂的优化形成地理核心素养。

第二章

高中地理之教学模式探究

为适应新课程标准的变化，地理课堂的改革势在必行。在如今的社会大背景下，教学要求在注重教师“教”的同时注重学生“学”的因素，实现教学相长的同时要求注重培养学生解决实际问题的能力，很显然，传统的教学方法已不适应新的形势。这就要求教师必须更新教学理念，创新教学手段，改革原来的教学模式，在提高课堂教学效率上下功夫，精心设计课堂教学的每个环节，合理利用课堂每一分钟，大力构建地理课高效课堂教学模式。为了进一步优化高中地理课堂教学，更好地体现“自主学习、探究学习、合作学习”的教学新理念，笔者结合自己的教学实践，提出了新的高中地理教学模式。

第一节

“图式—探究—合作”教学方法概述

经过多年的研究与实践，我们创造性地提出了具有特色的“图式—探究—合作”教学模式，“图式”主要包含两层含义：一方面用“图”来引领地理教学，建立“立体—图式”教学知识网络结构体系；另一方面用地理的第二语言“地图”彰显地理教学特色；“探究”式教学学习方式是新课程改革提倡的教育教学模式，可以让学生像科学家一样去探究自然地理及人文地理的原理、过程及规律，从而有效提升学生的创新思维能力；“合作”学习是学生在共学生习过程中，通过小组合作的方式彼此构成一个有机的整体，在将个体融入整体的学习过程中，体验个人对知识的理解和认知，同时通过合作交流分享交流的成果，可有效提升学生的团队意识、合作意识及思辨能力。下面笔者从以下几个方面介绍一下地理组对特色教学模式的探索与实践。

一、高中地理学科特点

地理学兼有社会科学和自然科学的性质，高中地理课程兼跨“人文与社会”和“科学”两个学习领域，高中地理教育除了具有和其他学科的共同功能之外，还具有自己独特的价值。

义务教育阶段的地理课程以区域地理学习为主线，在区域地理中贯穿主题学习、范例学习，其目标是让学生掌握一定的地理知识和技能，原则上不涉及较深层次的地理成因问题。而在高中阶段，地理学科的基本原理、基本理论则应成为学生分析和解决地理问题能力的重要基础，因此高中阶段学习要求学生在梳理、分析事实的基础上，运用地理原理探究地理变化机制和过程、地理成因以及地理规律等。

高中地理教学在让学生学习地理科学中的基础知识，初步形成科学的人地协调发展意识，使学生深刻理解当前和未来我国社会与环境可持续发展的必要性及可行途径，从中认识我国国情的全部历史、现状与复杂性，认识个人与社会的关系，培养使命感、责任感，确立远大且又可行的奋斗目标，具备一定的地理知识基础和能力基础，成为有较高地理素养的人。其中，综合性和直观性是高中地理教学中的两大特色。

综合性是高中地理的一个重要的特点。地理环境具有整体性的特点，组成地理环境的各要素之间相互联系、相互制约、相互渗透。地理环境是地理研究的对象，在认识地理环境时，必须要进行综合分析。地理知识内部之间联系密切，在地理教材中，不仅有各地理要素的综合，还有自然地理与人文地理的综合、系统地理与区域地理的综合、中国地理与世界地理的综合。

地图是地理信息直观化、形象化和具体化的表现手段，也是地理学科的重要部分。“一图值千字”，其原因就是这些图片利用了色彩、线条、维度变换、视觉感应、引发想象等，充分激发人的右大脑皮质层，并使左右脑协同作用，从而能开发大脑更多的潜能。因此图形具有感应力，简练、形象且更易触发广泛的联想，从而增强学生记忆力，迸发出创造性思维的火花。

二、"图式—探究—合作"教学模式的探索

从2006年5月开始，笔者与天津中学教师肖红侠，在查阅了大量与思维导图及图式教学相关的资料且积累了一定理论依据的基础上，尝试以思维导图为工具的"图式—探究—合作"教学模式能有效地推进高中地理新课程教学，提升学生学习的兴趣。

（一）"图式—探究—合作"教学模式的基本方法和步骤

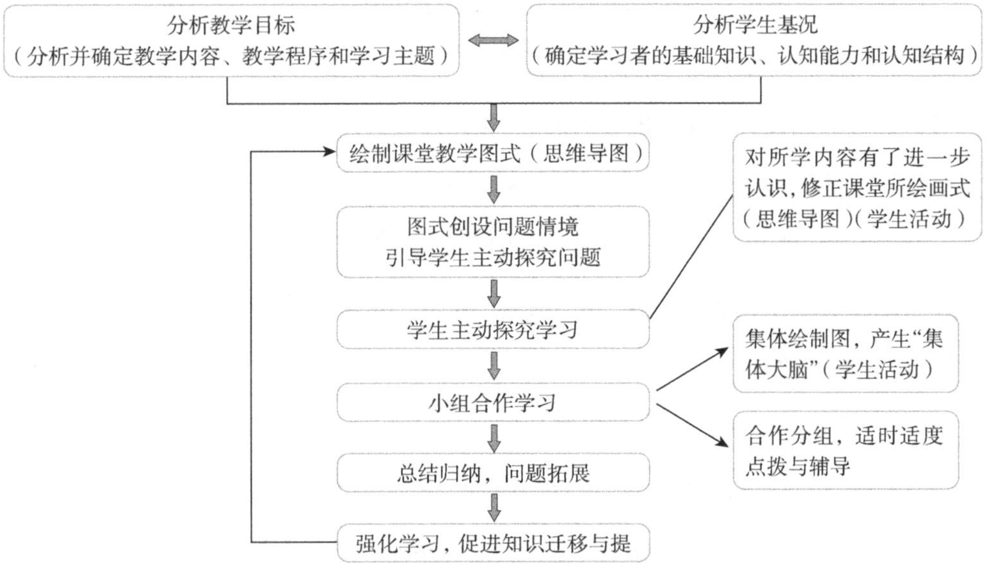

"图式—探究—合作"教学模式

"图式—探究—合作"模式应用方法与步骤简要概括以下六个方面：

1. 分析教学目标

教学活动开始之前，教师对整门课程及各教学单元进行教学目标分析，以确定课程学习中必须掌握的知识学习"主题"（即与基本概念、基本原理、基本方

法、基本过程等相关知识内容）。在此过程中，使用图式可有效帮助教师分析各知识点之间的关系，使重点知识与难点知识一目了然，可以整体把握知识体系的框架与结构。

2. 分析学生的基本情况

分析学生的基本学情，了解学生的基础知识的水平、基本认知能力和认知结构，有利于教师在教学过程中有效绘制思维导图，实施差异教学，分层次推进。

3. 创设问题情境，引导学生主动探究问题

有意义学习理论：创设问题情境，激发学生对知识本身产生兴趣，产生认知需要，产生一种要学习的心理倾向，激发学习的动机。思维导图中大量的可视化元素有利于情境创设，有效促进学习者对知识的有意义建构。使用直观形象且富有启发性的思维导图方式，可以使抽象问题具体化、深奥原理形象化、枯燥知识趣味化，学生通过观察和感知产生疑问，发现问题，引发认知冲突。使用图形和简要的关键词绘制出教学内容的框架结构，提供问题式的情境，调动学生主动思考问题的积极性，激发学习兴趣。

4. 明确问题，学生自主绘制思维导图

学生带着问题查找资料，熟悉教学内容，绘制自己的思维导图。教师要鼓励学生在自主探究的基础上勇于质疑，敢于标新立异，提出个人想法，激发学生创造性思维。

5. 小组合作学习，共绘思维导图，形成集体的结晶

小组合作学习的目的是在学生自主探究学习的基础上，通过小组讨论、协商和角色扮演等不同策略，进一步完善和深化对主体的有意义的建构。整个合作学习过程中，教师给予适当的组织和引导，学生在讨论交流中要各抒己见，互帮互助，共同提高，从而培养学生的表达能力、合作精神和团队意识。

6. 及时归纳总结，适时拓展问题

小组讨论结束后，教师要引导学生及时进行知识的总结归纳，适时给予精讲评价，引导学生能运用归纳对比的方法将新知识纳入原有知识体系中，并在新旧知识之间建立联系，形成新的知识体系，真正实现有意义的学习。教师在教学过程中将学生普遍遇到的问题进行系统讲解，并转换问题的角度与方式，拓展学生的思维，这样不仅加深了学生对知识的理解，使知识得到迁移、发展，同时学生解决实际问题的能力也得到提高。

（二）思维导图实施教学的“图式—探究—合作”教学模式的优势

1. 思维导图可以直观地表达思维

思维导图 1 是人脑表达自己思维的有效图形工具。使用思维导图可以帮助我们在表达思维时理清思路，把握全局，使知识讲解和学习过程变得流畅自然、重点突出，并且更具组织性和记忆性。同时有了思维导图的帮助，学生也就不需要阅读大量文字资料，可以边听边对照思维导图进行思考，从整体上体会讲解内容的同时，集中注意力于感兴趣的结点上。如笔者在天津市第六届“双优课”大赛获得一等奖《地球的圈层结构》中，将思维导图作为先行组织者，由学生依据所给相关资料，首先由小组合作共绘地球的圈层结构图，从而有效直观地表达出学生的思维过程，而后师生互动共同完善地球的圈层结构思维导图，取得良好的效果。

2. 思维导图有利于信息加工和有意义建构

思维导图的优点之一就是层次隶属关系十分清晰，便于帮助我们进行信息的加工和整理。如肖教师在市级公开课《洋流》一节中，学生自主依据形成洋流的主要动力盛行风的推理绘制出理论上的世界洋流分布图，这就是对相关资料和教材内容进行的有意义的建构，同时也很好地符合最近发展区理论，即学生在原有的认知结构中（三圈环流的分布）找到与新的知识点（洋流的分布）产生的联系，从而真正掌握新的学习内容。

3. 思维导图可有效加强学生的交流与合作学习

利用思维导图，可以从一定程度上改善师生的交流障碍。如在“聚焦课堂在天津”——全国部分省市普通高中课程改革研讨会活动中，《城市历史景观的保护》一课，师生就历史景观、历史景观特色的表现以及如何保护城市特色历史景观这一思维过程，展开师生合作学习。在这一过程中，我们用思维导图把每一个观点作为结点罗列出来，在整理归纳的过程中和学生一起确定结点间的关系，最终师生共同完成思维导图。

4. 思维导图可有效地进行归纳、分析、总结及计划

在完成了某一单元或某科课程的学习后，学生可以利用思维导图把学习的心得和成果展示出来，对学习内容进行有效的归纳、分析和总结，同时还可以检查自己的认知结构是否稳固，从而起到自我测评的作用。

教师和学生可以利用思维导图分析问题、提出解决方案，在进行分析时，教师和学生可以先将问题以思维导图结点的形式罗列并考虑目标、局限、后果、可行性等，再将所有因素按重要程度进行重组，把所有想到的观点绘制出来，最后组织成清晰的计划表。

5. 以思维导图为主轴的教学设计与教学资源的融合

思维导图可以有效辅助进行教学设计。教师在利用思维导图进行教学设计时，可以把一堂课、一章节、一学期需要考虑的每一个要素作为结点，再分别考虑单个要素的细节逐级扩展下去。每节课的教学设计都可以用思维导图来表示，若再将每节课的教学设计作为一个个结点汇聚起来就成为一个单元的教学设计，每个单元汇聚起来就可以作为一个学期的教学设计。这样教师可以将积累的所有教案、课件等组建成个人资料库，以备后续学习的参考，需要调整教学设计时，也可

以直接在原来的思维导图上进行修改，方便快捷。大大提高了教师的备课效率，从而真正达到教学资源的整合和实现资源的有效利用。

（三）“图式—探究—合作”教学模式应用于高中地理教学的注意事项

首先，思维导图是一种有效的工具，但并非所有的教学内容都适用思维导图这一教学工具。教师在教育教学过程中，要根据教学内容，合理使用思维导图。从学生反馈来看，思维导图在学生自主单元归纳总结时使用，效果更明显，学生通过绘制单元知识思维导图可以检验自己的单元知识结构是否完整有效，教师也可从学生的单元知识思维导图中，发现学生在学习本单元知识中是否存在知识漏洞。

其次，教师要对学生进行正确、及时的引导。教师在教学过程要对学生进行正向的引导和及时的点评，这对学生使用思维导图提高学习效率非常重要。

“图式—探究—合作”教学模式，目前在新课程高中地理教学中已初显优势。如果能在高中地理教学中进行更长时间的“图式—探究—合作”教学研究，可能会取得更好的成果。

全新的课程结构和三维的课程目标培养模式必然需要选择合适的教学手段和技术支持并创设相应的教学环境与之相适应。因此在教育教学实践中，我们应不断加强教育教学技能、技巧、方法、策略的研究，以期在新课程的教育教学理念指导下，真正实现新课程的三维目标和新课程改革的美好愿景。

第二节

思维导图在高中地理教学中的应用实践

思维导图也称之为心智地图、心灵图、脑图，是一种将放射性思维具体化的方法，同时运用大脑皮层的所有资料，包括语言、数字、逻辑、节奏、色彩、形象和空间意识等来表示人脑思维的过程。经过一年多的理论积累、资料收集和教学实践，笔者对思维导图引入高中地理教学的研究有了更深层次的认识和理解，思维导图对于改变学生的学习方式、促进高中地理教学的高质高效具有明显作用。

一、思维导图与高中地理教学整合的优势

思维导图与传统的学习记忆方法相比有较大的优势，这样的优势便于将高中地理教学进行整合。使用思维导图进行学习，可以有效提高学习效率，提高理解能力和记忆能力。而且思维导图还可以激发我们的右脑。根据科学研究发现人的大脑是由两部分组成的。左脑负责逻辑、词汇、数字，而右脑负责抽象思维、直觉、创造力和想象力。

思维导图的优点之一就是层次隶属关系十分清晰，可以帮助我们进行信息的加工和整理，把学习者的主要精力集中在关键的知识点上。不需要浪费时间在那些无关紧要的内容上。节省了宝贵的学习时间。根据建构主义的学习理论，每个学

生在学习的过程中都会构建自己的认知图式，完成知识的“意义的建构”，这个过程也是学生个体内部的信息加工过程。如《地球的圈层结构》一节中，学生自绘地球的圈层结构图，就是对相关资料和教材内容的有意义的建构，同时也符合维果斯基的最近发展区理论，学生在原有的认知结构中（鸡蛋的圈层结构）找到与新的知识点（地球的内部圈层）产生联系的已有知识，从而掌握新的学习内容。在思维导图的使用过程中，通过使用关键字强迫我们在开展学习或做笔记的时候就要思考句子的要点到底是什么，这使我们可以积极地倾听讲课者。关键知识点之间的连接线会引导学生进行积极主动思考。快速系统地整合知识，可以为知识融会贯通创造有利的条件。

教师可从学生的思维导图作品中，发现学生的知识结构是否存在问题，了解学生对自己所教的课程内容的理解和认识程度；教师也可从每张作品中找到学生个性化的知识结构，从而做到在关注整体教学质量的同时，也能够关怀个体，关怀不同层次的学生的成长，针对每个学生的特点做到因材施教。同样，学生在不同小组、不同成员之间也可以互相观看绘制的思维导图，互相提出修改意见。在应用思维导图进行教学的过程中，教师要积极调动学生的学习兴趣，充分发挥每个学生的主观能动性，采用“头脑风暴”的教学策略，大家就同一个主题尽可能多地说出自己的看法，不需要追求想法的系统性和合理性。

此外，思维导图具有极大的可伸缩性，它顺应了我们大脑的自然思维模式。从而，可以使我们的主观意图自然地在图上表达出来。它能够将新旧知识结合起来。学习的过程是一个由浅入深的过程，在这个过程中，将新旧知识结合起来是一件重要的事情，因为人总是在已有知识的基础上学习新的知识，在学习新知识时，要把新知识与原有认知结构相结合，改变原有认知结构，把新知识同化到自己的知识结构中，能否具有建立新旧知识之间的联系是学习的关键。

在完成了某一单元或某科课程的学习后，学生可以利用思维导图的方式把学习的心得和成果展示出来，对学习内容进行有效的归纳、分析和总结，同时还可以检查自己的认知结构是否稳固，从而起到自我测评的作用。教师和学生可以利用思维导图分析问题、提出解决方案和计划。

根据实验后的调查，95% 的学生在使用思维导图后都认为，制作思维导图对梳理自己的思路有很大帮助，因为思维导图“能整理杂乱的内容、理清思路”“把内容处理得更有条理，更容易理解”“精美的插图使学生对知识的脉络更有印象”“知识的脉络被浓缩在一张小纸片上，使人一目了然”“理解和回答问题也更有把握”。在地理课堂中对于思维导图的引入，可以有效提升地理知识学习的效率，达到事倍功半的学习效果。

二、思维导图在高中地理教学应用

课堂教学环节中，教师要根据教学内容合理使用思维导图。教学过程中的导入新课，教师可以将“思维导图”作为先行组织者，从而使学生明确本节课要解决的问题，从而激发学生的问题探究；思维导图还可以作为这节课的直观的脉络，引导学生学会深入思考所学知识和内容，从而培养学生的思辨能力；思维导图可以作为本节课的归纳和总结，从而形成完整的知识体系。

课堂教学后的反思，教师可以充分利用思维导图对教学过程中的方方面面进行归纳和总结，使自己的反思过程和需要解决的问题清晰明了地展现在自己面前，这对提高教师的教育教学水平和能力具有重要作用。

思维导图的使用比较广泛，课前、课中、课后，教师、学生都可以根据思维导，梳理整合出一套有效的知识体系，在这样的体系中看待地理知识时，会有别样的效果。

三、思维导图应用于高中地理教学的注意事项

思维导图虽然用处大，适用范围广，但也不能胡乱使用，仍具有一些使用时的注意事项。在强调注意事项之前，应该对思维导图进行明确。思维导图有三个“A”，分别是“接受”（Accept）、“应用”（Apply）、“改编”（Adapt）。在“接受”阶段，要严格按照思维导图规则，尽量惟妙惟肖地模仿给定的范式；而在“应用”阶段，要开始建立自己的思维导图风格，并且应用在各个方面，直到它成为你组织思想极自然的方式；在“改编”阶段，我们要不断地发展自己的思维导图技能，开发自己思维导图的创造力。

将思维导图应用于高中地理的教学实践，目前还主要在选修课程和讲座、访谈以及部分实验班教学中展开，如果能在高中地理教学中潜移默化地引入思维导图，作更为长时间的研究，可能会收到良好成果。

第三节

异步教学理论的应用

湖北大学黎世法教授提出的异步教学理论（六段教学法）是一种有明确教学目标的，有计划、有组织的，以学生为学习的主人，教师为学生学习的主导者的，能将教师的三种指导形式（个别指导、分类指导和全体指导）与学生的五种学习形式（独学、对学、群学、请教教师和全体学）有机统一在一个教学过程中，使教师的五步指导（提出问题—指示方法—明了学情—研讨学习—强化小结）与学生的六步学习（自学—启发—复习—作业—改错—小结）紧密结合进行，以学生个体学习为基础，充分运用一切教学条件，根据学生的具体学情，组织课内外全部教学活动，通过培养学生的自学能力、创新能力、自主教育能力等，达到高效率、大面积提高教学质量的目的，教学效果能及时反馈的教学方式。这种教学方式体现了学生学习的本质特点，反映了教为学服务的特点，教学方式一定要适合学情的教学活动的基本规律。

异步相对同步而言，主要指用不同的学习速度通过相同的学习内容；异质相对同质而言，是对相学生习内容进行广度、深度和质量不同的学习。我们通称的异步教学包含异步同质教学和异步异质教学两种含义。对于学生而言，其受教育内容、学习目标是基本相同的，只是通过绝对标准所用的时间和精力的过程有所不同。异步异质教学是指教师根据学生学习能力的差异采用不同的教学速度达到不同的教学目标和水平的教学组织形式。异步异质教学最接近个性化教学，是异步教学的较高存在形式。对于学生来说，其受教育内容不尽相同，目标必然不同。

一、积极推进异步教学模式

“六段教学”的每一步都是培养学生创新能力的一种策略。在地理教学过程中，笔者尝试从以下环节入手推进异步教学模式：

（一）抓培养学生的兴趣和自学能力

异步教学的核心内容就是要充分发挥学生的主体作用，实现教学过程最优化。学生要成为学习的主人，要对地理产生浓厚的兴趣和具备一定的自学能力，而异步教学就是培养学生兴趣并培育学生自学能力的有效途径之一。理想的地理教学应该是智力因素与非智力因素同步发展的过程。在众多的非智力因素中，兴趣是学生接受教育的感情基础；是学生探求知识、促进思维发展的巨大动力。因此，兴趣这一非智力因素，在教学过程中的作用已日益引起人们的关注。一方面，学生对某一方面的浓厚兴趣会促进他们更自觉、更努力地学习相关学科；另一方面，有关知识的积累又不断强化他们的认识兴趣，形成良性循环。很多学生对某门课程的兴趣开始于教学中对讲授的认同。在培养学生兴趣方面，可以采用：

1. 向学生讲解地理课的意义

地理是一门跨学科的综合课程。它从独特的角度出发，在培养爱国情感，增强全球意识，进行环境教育，促进知识、技能的和谐统一及提高学生对未来生活的适应能力方面，具有其他学科所无法代替的功能。地理学习追求的是让学生组建“意义关联”群，在不断构建中生成智慧。目的有二，一是需要为学生创设达成的“情景”，二是要为学生产生“意义关联”保证足够的时空条件。

2. 将生活中的案例应用到课堂中

案例最早应用于对法律规则的解释，后被应用于教学，因此案例教学受到广泛重视，20 世纪 80 年代案例教学开始在普通教育学中运用起来。随着我国新课程标准的执行和新教材的使用，案例教学作为一种新型教学形式在高中各科教学中得到广泛应用。将案例应用于教学的同时，案例学习也应运而生。地理案例学习法就是从学生的生活中选取部分隐含的地理概念和原理要素的典型事例，学生通过典型事例获取信息，并对信息进行整合，从而获得地理的知识和技能，并运用于解决地理问题的方法。案例学习法是培养中小学生创新学习能力最有效的方式。因为典型案例相对具体，对具体案例的求解必须有与之对应的具体对策，而这个具体对策并非唯一答案。案例学习法的宗旨不是传授“最终真理”，而是要通过具体案例的讨论和思考，挖掘学生的创造潜能，与研究性学习相似的是重视过程。也就是说它可以不在乎能否得出正确答案，而要重视得出这个答案的分析过程。

3. 用电教手段增强形象感

教育现代化的内涵应包括两个方面：一是教育思想和教育观念的现代化，二是教育或教学手段现代化。因此，利用现代教育技术优化地理教学，不能仅停留在显示某种教学媒体的效果上，而应从整体优化课堂教学目标出发，借助现代化的媒体技术，构建现代教学的模块。中学地理教学中存在着种种矛盾，如地理知识本身生动具体、直观形象与教材文字抽象性之间的矛盾；地理信息的前瞻性、社会性、实效性与教材内容的滞后性、局限性之间的矛盾；教材内容多、任务重与教学时间紧的矛盾；传统呆板的教学方法与学生实践能力与创新精神培养的矛盾等。而现代教育技术可以大容量、高密度、多渠道地展示地理知识，提供最新地理信息的优势，因此，运用现代教育技术，从根本上解决地理教学中的问题，实现教学内容、方法和过程的整体优化。

4. 用答辩解疑点燃学生思维火花

学生刚从依赖于教师的传统课堂转入自主研究性学习，但他们常感千头万绪无从入手，这时教师的作用就是要把学生扶上“马”，这有利于学生建立自信心，调动学习潜力和学习创造力。当课题确定后，教师可以提出几种方案，要求学生根据自己的课题内容选择适当的研究方法，并给予适当的指导，也可以参与学生之间的讨论；根据课题确定最佳研究方案，教师还可以给予适当的建议和补充。当学生的研究步入正轨，教师的指导就可转入定期检查、了解进度、解答疑问等辅助作用。

“授之以鱼，不如授之以渔。”培养学生的自学能力，充分发掘学生的创造才能，是当前教育研究的重要课题之一。自学不是放任学习，它需要良好的外部条件的约束和支撑。在新课程模式下的教学方法探讨中，培养学生的自学能力是诸多研究的一个重要方面。第一，自学能够独立思考，这对于思维角度和方法繁多、思路变化大的地理学习来说，是有必要的。课堂上来不及理解的内容，可以通过自学来解决。第二，自学能深化地理知识学习，培养地理学习能力。地理知识需要的整理、加工、概括任务较重，地理学习能力涉及方面较多，地理自学不但能完成当时的学校地理学习任务，还为学生的终身地理学习奠定了基础。第三，自学能增强学生学习地理的自信心，通过对地理知识的应用、地理技能的掌握，也会增强地理学习动机。许多学生是在提高地理自学能力的同时，体验到“越是通过自己的努力学到地理知识和地理技能，越是爱学地理”。第四，如果自学中发现问题，也能提高课堂学习的自觉性和针对性。

在培养自学能力方面，教师应通过示范导向，训练学生做到“八会”——会读书、会写自学笔记、会概括地理规律、会观察身边的与地理有关的现象、会发现问题、会解决问题、会查阅资料、会改作业错误。地理自主学习是针对地理课堂教学而言的，是指学生在教师的组织和安排下，有计划有目的地通过各种自学手段，掌握地理原理，把握地理规律，达到提高学习效率、增进学习兴趣的目的，是地理教学经常使用的教学方式之一。鉴于地理教学的丰富内容，地理思维的形式多样且综合性强，自学是必不可少的。这种自学是地理课堂内和课堂外多种学习方式的统一。有些教师并不重视学生课外自学地理活动，很大程度地降低了地理课堂教学的效果。反之，遵循地理教学规律，适当安排学生自学，可大大提高地理课堂教学的效率，达到事半功倍的效果。教师可以根据以往的优秀案例进行学习借鉴，结合自己过往的教学经验，从学生实际情况出发，培养学生的自学能力。

（二）抓精心设计自学参考提纲

“自学”是异步教学的基础环节，能否有效培养学生的自学能力和创造才能，设计好自学参考提纲是关键。因此，在备课时，笔者把主要精力放在深钻教材、了解学生学情、找准训练目标，认真编写自学参考提纲。自学提纲的设计要求既能引导学生领会教材，又有利于学生开阔思路；要设置一定难度，能让学生经过思考自己解决问题，要创设促使学生产生“顿悟”的条件，把握进行点拨和小结归纳的要点和火候。这种教学对教师的要求不是降低而是提高了，要求教师既要吃透教材，又要有广博的知识面；要求教师有能力灵活应对学生提出的各种问题。在问题的设置上，应当选取学生感兴趣，易于促进学生创造性思维的有争论性的话题或社会热点问题，并且要求教师应当在课前做好充分的准备，包括资料的收集、话题的选择、活动方式的确定以及多媒体课件的制作等。

合理的自学提纲在帮助学生整理自学思路，进行逻辑分析，最终在进行总结概括的过程中都起到了重要的作用，教师需要对教材、课堂教育思路进行广泛而深刻的理解，对问题的设计要有所思考和选择，这样才能在自学提纲的设计上有所优化，最终实现帮助学生进行有效自学的目的。

(三)抓有效的启发途径

“启发”是异步教学的关键所在,恰当的启发是达到彼岸的桥梁。为此,探究启发的途径至关重要。在地理课教学中,可用“启发”教学方式,如:问答式,争论式,导读式,观察式(挂图、模型等),实验式,比较式,引导式等。这些方法教师应灵活运用,要因人施导,不可千人一面,切实把握宏观指导和微观指导的时机。尽管自主学习能力在某些时候可以通过自己“发现”来获得,但在更多情况下是“教”会的。这里的“教”,不同于传统讲授式教学中的教,准确地讲是“导”,是为学生的学习提供“示范”与“支架”。自主学习作为一种能力,其形成和发展要经历一个渐进的、相对漫长的过程。而要做到这一点,教师需要把自主学习能力的培养作为一项长期的任务。在长期培养过程中,教师要帮助学生在学习过程中进行自我调节,教师需要在教学各环节上尽可能地减少讲授的时间,给学生充分的自学时间,还需要创设一些机会让学生自主实践、自主学习,教师必须给予学生尽可能多的自主学习机会和时间,把学生能够自学的内容交给学生自己去完成。

教师要利用有效的启发途径,在可控范围内允许学生有不同的思考方式,在这样灵活的方法上实现对学生的因材施教,让学生学会“主动学”“自主学习”,把自学内容交给学生去完成,而这正是教育中要求的教师要培养学生“自主学习能力”和“终身学习能力”。

(四)把改错的权利交给学生

异步教学论中要求学生在独立作业时,要及时发现作业中的错误,分析错误的原因及如何改正错误。让学生参与教学进程,引导学生在实践中学会学习,这是提高学生学习能力的有效途径。异步教法把课下转变成课上改;把背对背改,转变成面对面改;把教师替学生改,变成学生自己改;把改正本子上的错,变成改正学生头脑里知识系统中的错。因此,教师在批改作业时要做到:

一是根据学生在作业过程中存在的问题进行改错指导谈话，指出改错中要特别注意的问题，定出改题标准，记分要求，符号的写法等。二是成立作业批改小组，每小组四人，组长一人。（前后两排）四人中搭配一至两名学优生。小组备有作业批改记分表，分别记录学生的成绩。三是在自改的基础上进行互改。互改的方法有，同座的互改，前后座互改，小组改。四是教师抽改，可每组抽改一名或一部分学生，以便及时了解作业情况并加以及时指导。

为了检查批改的质量，必须做好下列工作：一是批改后按教师规定的评分标准记分。批写作业次数、日期、批改人姓名。二是每纵排交一人检查（依次进行，人人轮流到）。检查者有两个任务，一是看学生当天的作业批改是否认真准确；二是检查学生作业经批改后做错的部分是否重新复习，最后签上检查人的姓名。三是教师定期收齐作业，检查学生的批改情况，再分好坏进行讲评。

教师在进行异步教学的过程中，要学会放手，让学生们自己交流。在学生们进行自主改错的过程中，学生可以根据自己的错误和学生的错误进行对照反思，发现通过自身错题或别人的错题看出的学习漏洞，更是知识的夯实过程。在异步教学的过程中，自我改错是一种事半功倍的、帮助学生自主学习的方式，虽然在过程中看上去较为分散，实则根据教师的计划，别有章法。

（五）加强对学困生的指导

异步教学学生学习实现个体化，教师指导实现异步化，这样就有利于各个层次学生的自主发展，尤其是学困生。课堂上教师应加强对学困生的个别指导，当他们在学习上遇到困难时，及时予以鼓励、提示和辅导。这种方法，一方面使教师及时了解学生学习信息，并据此随时调整教法；另一方面使学困生具有课内达到目的的愉快感，减轻他们的精神压力和课外负担，充分调动他们的学习积极性。

在课堂上，教师亲切自然的教态，可以起到推波助澜的作用。它能让学生认真听讲、积极思考。给学困生以优先发言的机会和中肯的鼓励，让他们发现自己的长处，逐步消除自卑感，树立信心；又可缩短师生之间距离，建立良好的师生关系，调动学生学习积极性。

黎世法教授指出："现代教育是一种以培养学生自学能力为基础，发展学生的自主创新能力为主导，面向全体学生，使每个学生具有科学思维头脑和个体发展优势，并成长为全方面发展的创新人才的智能化的开放教育。"通过异步法施教，可达成对所有学生全方位的教育，针对每一个学生都有个性化的教育计划和教育方法，保证对每一个学生都能进行有效的素质教学。

二、异步教学提高学生的学习能力

近年来，我国也开始了"创造性教学模式"的研究和实验，但一直没有明显的效果。异步教学作为"创造性教学"的一种，刚开始并不被看好，他们认为这样的教学仅限于理论，没有办法进行实际应用，然而事实并非如此。异步教学并非只是纸上谈兵，这样的教学模式可以应用于实践。经过一段时间的异步教学实践，取得了较好的教学效果：

（一）异步教学促进学生学会学习

要从根本上改变目前地理课堂教学的面貌，就要改变"教师讲，学生听"的教学模式，教师要转变身份做学生学习的拐杖，注重学生自主学习的地理课堂教学。所谓学生自主学习的地理课堂教学，一般要把教学的基本顺序由讲授式教学的"先讲后学"变为"先学后讲"。也就是把学生自己能够掌握的学习内容让学生先通过自学、讨论先行解决，然后教师再针对学生不能掌握的内容进行重点讲解或指导。这样，通过自学、讨论，学生个体和集体的学习潜能得到了充分发挥，自主学习能力得到了锻炼，自学、讨论后不能解决的问题也可以为教师的精解提供明确的依据，通过教师有针对性地重点讲解或指导，学生能更好地获得问题解决策略。总的说来，整个教学过程的诸环节多数主要是由学生自己来完成，教师在这些环节中主要起引导、点拨、反馈作用，这样更有利于为学生提供自主学习的机会，体现其学习的主体地位，发展其自主学习能力。让学生自主地学习不仅是实施素质教育、培养创造型人才的需要，也是提高学科教学质量、全面完成教学任务的必由之路。

（二）异步教学利于学生探究能力的培养

异步教学强调学生的自主探究，由于异步教学过程中对学生自主能力、创新能力的培养，因此这样的教学方法具有培养创新性思维能力和个性品质的优势。在异步探究过程中，强调学生通过自主学习发现问题，做出假设，解决问题。而这正是科学研究中所需要的。在科学研究中，解决问题是以发现问题和提出问题为前提的，因为问题预示着研究的目标和方向。地理探究式学习也是如此，首先必须让学生发现问题和提出问题，然后再循着问题去搜索各种信息，组织各种材料，寻找问题的答案，才能整体上锻炼学生的逻辑思维，实现对创新能力的一次提升。

也许有教师心存疑问，学生能自主发现问题和提出问题吗？这个问题的答案是显然的，每一个学生都是拥有创新能力的。实践证明，在课堂教学中，只要我们略加点拨，就能激发起学生沉睡已久的心灵火花，问题就像打开潘多拉魔盒一样倾泻而出。这些问题或者从课堂教学与他们“前概念”[①] 的矛盾中产生，或者从理论学习与现实生活的矛盾中产生，又正是这些问题，引导他们自觉地采用探究式学习去寻找答案。探究式教学主要是指教师指导学生通过自主参与一系列多种形式的开放的探究式学习活动，使学生获取知识、应用知识、解决问题、培养能力的

① 前概念，又叫前科学概念，在教学中泛指学生在新课教学前，对所学知识已有的认识和了解。

一种重要的教学方式。它强调学生对所学的知识、技能的实际运用而不是一般的记忆、理解和掌握，强调学生通过参与探究问题的体验，加深对学习价值的认识，使他们在思想意识、情感意志、精神境界等方面都得到升华。在异步教学的过程中，学生通过解决、内化自己的问题对知识有了进一步的理解和分析，可以根据实践活动来搭建属于自己的结构网络体系，由这些体验来记忆知识，而抛弃枯燥、刻意的死记硬背，而这正是对学生探究能力的进一步培养。

（三）异步教学培养学生创新能力

培养学生的创新能力，要从培养学生发现问题的能力开始。当今地理知识不断发生变化，地理科学体系不断更新。因此，在地理教学活动中，教师要强调“探索”“发现”地理知识的过程，而不仅仅是获得地理知识的结果。

培养学生的创新能力，要重新构建新型的师生关系。传统的师生关系让学生创新能力得不到良好的发展。新型的师生关系让学生勇于表达自己的思维、情感、意志，教师要改变教育观念，营造生动活泼的地理教学活动气氛，使学生形成探究地理创新的自主学习，创造性地激发学生学习的主动性、灵活性，寻找解决问题的答案。具有创新的地理教师，才能培养有创新能力的学生。

如何培养创新的地理教师成为待解决的难题。

第一，教师应该进行换位思考，尝试从学生的角度体验课堂教学，创造和谐的课堂氛围。如果教师理解了自己的行为对学生具有的意义，就能够更好地修正行为，达到师生之间的合作关系。其次，教师应尊重每个学生的个性差异，倾听学生的意见，了解学生的感受，使教学成为对话、交流和知识创新的活动，这样，师生之间不再是命令和服从关系，而是互相尊重、互相信任、真诚交往、共同探索的关系。因此，教师必须要考虑：怎样才能激发学生的学习兴趣。“如果一个教师有能力把学生的学习兴趣调动起来，那他就成功了一半。”兴趣对未知、对创新的重要性是不言而喻的。

第二，教师应该思考如何才能培养学生良好的学习习惯。良好习惯的形成，是学生主动掌握知识的先决条件。作为教师，应该从“师德潜移默化的影响”“课堂简明扼要点明”“教学过程中积极有效引导”等方式分别进行，帮助学生形成良好的学习习惯。

第三，教师应该思考如何培养学生顽强的意志品质。有了兴趣和习惯还远远不够，要有坚强的毅力和不达目的决不罢休的精神，才能激发创新的潜意识。一个具有创新性的教师，要学会通过日常生活的大事小事，帮助学生学会通过哪些方法可以直面挫折、分析挫折、解决挫折，引导学生在日常的学习生活中始终践行“不抛弃，不放弃”的顽强意志，成为一个有思想，有毅力，有创新能力的人。

第四，教师应该在拓宽学习的空间上改进教学方法，要大胆走出课文、走出课本，让课内长骨、课外长肉，激发学生潜在的创新意识。“学无止境”。人的学习永远不是只在学校中完成的，学习应该是终身的事情。教师想要培养创新型人才，就要先学会培养“会学习的人才”，而这需要教师不仅“解惑”于学生，更要“传道、授业”于学生，带着学生去看世界之大，更去看人生之长。

平等、民主的师生关系，优秀的教学方法和引导能力，前沿的教学思想是武装教师的武器，帮助教师成为创新型教师，在异步教学的过程中培养学生的创新能力。在异步教学过程中，学生是进行创造学习活动的主人，在学习中自主发现问题、思考问题、分析问题、解决问题，教师要尊重学生、引导学生，做指导者、参与者而非权威者，实施个性化教学，做创新型教师，有效地实施全面发展学生创新能力的目标，创新由异步教学开始。

三、异步教学是转变教师教学行为的有效途径

（一）教师教学行为由重传授转向重发展

新课程异步教学最大限度地从根本上使学生真正成为学习的主人，“学生学习”是课堂教学的中心，学生在教师指导下独立地学会“自己学”，教师在课堂中为学生的自主学习提供了充足的实践和空间。学生有了一定自学能力，在异步教学的过程中的科学思维和创新能力都得到了提升，学生将一生受益。从这个意义上说，新课程异步教学过程既是学生掌握知识的过程，又是学生身心得到发展，潜能得到开发的过程。教无定法，学无定式，对学生自学方式的研究并不局限于地理学科内部，任何学科在结合本学科特点的基础上，都可以对学科学习进行系统化的探讨。在任何学科的学习中，学生是主体，教师是主导。因此教学过程中，要始终把学生作为创造的主人，让学生运用科学的思维方法，通过独立思考可以发现问题、提出问题、解决问题。这样的过程中，学生既学会了自主学习，又感受了探索过程；既发展了创造思维能力，又发展了学生的个性。

当然这一切仍然属于理论上的探讨，在实践中如何正确有效地发挥教师的导向作用，促进学生有效学习，帮助学生发展，这是每位教师都应积极探索和研究的课题。

（二）教师教学行为由统一规格转向差异性教育

新课程异步教学是实施因材施导的有效方法。“明了学情”和“研讨学习”都是因材施教的有力举措。在新课程异步教学中，教师要根据学生的具体学情进行异步指导，这对于学情的分析在教学过程中起到了承上启下的作用。在实际的教学中，学生都是各不相同的，无差别及教学会导致教师的指导活动具有主观盲目性，做得再多、学得再深在实际上都只会起到事倍功半的作用，这就要求教师针对

不同的学情进行差异性教育。所谓差异性教育，是指同一年龄层次的学生，不同的班级、不同的学生，其目标要求也不尽一样。不同的班级、学生原有的水平、学习的兴趣点以及班情不尽相同，这些不同点需要教师加以注意，给予分析，据此对学生进行合理的教育规划。当然，只了解学生的学习情况远远不够，教师在教育中最大的作用就是“研讨学习”。

研讨学习指的是在教育过程中，教师进一步向学生提出问题，给予指导。地理教师应该针对具体的班情和学生的具体情况制定对应的地理情感态度价值观目标，因材施教。针对一个班大多数学生存在的共性问题对全班学生进行全体指导；针对一个班的少数学生存在的共性问题进行分类指导；针对个别学生存在的问题进行个别指导。教师在课堂上可以根据每个学生的具体学情进行有针对性的指导，每个学生也可以根据自身的情况进行学习，在这样师生的密切关联中，不断激发学生的学习兴趣，增强学生的学习反馈，促使学生养成良好的学习习惯，帮助学生个性化发展，最终培养学生成为创新型人才。

（三）教师教学行为由重教师“教”转向重学生“学”

用现代教育思想来看，不仅要看“教”，而且要看“学”，更要从学生如何学这个基点上来看教师怎样教。异步教学课注重两条基本标准：一是教师在上课过程中指导的有效性；二是学生在上课过程中学习的有效性。教师对学生进行有效指导，学生才有可能有效地学习。

传统地理教学就是因为单调的形式让地理课堂枯燥乏味，学生难以体验生活中的地理之乐趣，反复的教学练习反而还会消磨学生对地理的兴趣，甚至会产生抵触心理。这样的心理活动显然不利于教学的过程，因此传统地理教学方法急需改进。在新课程当中对此进行了反思和改进，要求始终注意课程的主体是“学生”，由“教师单一教学”转变为“学生与教师互动进行自主学习”。

那么，如何引导学生自主学习地理成为教学实践中极为重要的一点。想要引导学生自主创新学习地理必须改革教学方法，运用创新教法。创新教法需要教师给学生创造一个民主的、宽松的学习环境，建设“轻负担，高效率”的课堂教学，在这样的教学氛围中，努力帮助学生创新。创新是一种自主性活动，因此，引导学生自主创新学习是帮助学生创新的重中之重。在这样的教学过程中，教师的主要作用是启发和引导，注意讲究教学方法的启发性，调动学生的主动性和自觉性，激发积极的思维，启发、诱导学生在课堂中主动进行创新性活动。在教学中应该采取不唯一、有效性的原则，即根据教学内容和学生的状态可以随时调整教学方法。开展辩论、自学讨论、动手画图制作、实验操作、多媒体、角色扮演、新闻发布、小教师上课，乃至社会调查、野外考查，搜集资料、展示、汇报等。在如此开放式的教学过程中，学生通过一系列教学活动进行自主能力、创新能力的培养，完善自己的知识体系，通过与学生、教师的交流以及自主查阅资料后的发现来填补自己的只是漏洞，通过实践活动完成知识与实际的结合，最终达到个性与能力的统一。

（四）教师教学行为由重结果转向重过程

在传统的教学过程中，更注重“教师教，学生学”的过程，而忽略学生本身的自我学习的要素；而在新时代中，我们对人才的要求逐渐向创新型、科技型转型，原有的教育理念并不适合我们现在的发展步伐，这需要教学向培养个性化、创新化人才进行。新课程异步教学理论可以从根本上转变教师的教育教学观念。实施新课程异步教学，可以有效地转变教师的教学行为。学生学习的个体化、教师指导的异步化和教学活动的过程化三者有机地结合在一起，为实施基础教育课程改革构建了一个良好的课堂教育环境。学生学习评价是本次课程改革的重要一环，“过程与方法”目标不仅贯穿在学生的学习过程中，而且在学生学习评价中也应该得到充分的体现。这就要求教师在考查学生学习情况的时候，不能仅局限于对教材内容的重现，还应注意对学生获得的地理能力、地理方法进行考查。

新课程异步教学方式是一种实施基础课程改革的有效途径！随着素质教育的不断发展，这种方式在高中地理教学中的应用越来越成熟，该教学模式的应用在高中地理教学中扮演着越来越重要的角色。总之，此教学模式是尊重学生主体性原则和“授人以渔”的教学理念的充分显现，符合当前素质教育的新要求和新标准。

异步教学是转变教师教学行为的有效途径。在异步教学的过程中，教师身份由主导者转变为引导者，教学行为由“无差别”转变为“个性化”，教学评价由“重结果”变成“重发展”，一系列思想和行为上的改革给予学生们更自由、民主、平等、开放的学习氛围，帮助学生进行自主学习，培养学生的创造能力，逐步向时代所需的“创新性”人才发展、进步。

第三章

高考地理之“变”与“不变”

每当全国各地高考试题全面揭晓之时，总是能给大家带来无限的感慨，留下无尽的思考。每年高考地理试题万般变化，然而万变不离其宗。高考地理试题到底有什么在变？有什么没变？它给我们带来哪些启示？本章将从高考地理的“变”与“不变”进行探讨，即教材是相对稳定的，是我们通常所说的“不变”，而考纲、试题是不断变化的，是我们所说的“万变”。通过长期的训练，学生就能领会教材、考纲与试题三者的关系，做到灵活运用以“不变”去解决“万变”，摆脱题海，使学生从真正意义上得到能力的培养和训练，尽快达到高考对学生各种能力的要求。本章从高考地理试题设计、内容、特色和能力等方面，结合近几年高考地理试题，进行了分析，并提出了有效的教学策略。

第一节

解析变化，预测趋势

对于高三学子来说，高考就是他们面对的最大的挑战。俗话说"知己知彼，百战不殆。"只有了解高考，学子们才能从有利的角度去应对高考。面对高考地理科目，了解高考的方式，理解高考的出题思路和规律，解析高考变化，根据规律来科学合理地预测高考地理变化趋势，可以更好帮助学生进行考前复习规划。笔者从分析高考试题特点出发，提出教学启示和备考策略。

一、高考地理试题的主要特点

高考地理试题从整体风格上来说，具有相对的稳定性、规范性、基础主干性、学科特色性的特点；试题内容覆盖面广，考试难度有所降低，没有偏题或怪题，着重考查地理学科的基础知识和基本技能；试题强调"以能力测试为主导"的基本取向，充分体现了全国统一考试大纲中"注重考查学生的地理学习能力和学科素养"的考核目标与要求，尽量避免死记硬背式的试题。

综观各省市地理试题，均较好地体现了以"能力立意"为主导，侧重考查地理基础主干知识、基本地理技能的掌握程度和综合调用所学地理知识分析问题、解决问题的能力。试题设计上具有鲜明的地理学科特色，突出考查了学生的地理思维能力。试题稳中求变，力求创新，保持连续性，体现过渡性、衔接新课程理念的总体要求。

（一）“能力立意”为主导

高考地理试题突出“能力立意”，其命题手法从以往的“从知识入手，通过考知识来体现”变为“从能力入手，寻找可考的知识”。突出考查学生对地理学科知识掌握的程度，运用所学知识分析问题、解决问题的能力；形成地理学科思维品质；具备的创新意识和能力。比如具有地理空间概念和空间运动的理性思维；能熟练判断、使用绘制和分析各种类型的地理图表；善于获取、处理地理信息；善于发现、观察、分析、研究自然地理和人文地理现象；具有对各种地理信息进行多角度、多层次、综合性分析、归纳、评价并获得相应结论的综合地理思维能力和方法等。因此试卷突出知识的主干化倾向，知识点设置求新求活，注重对知识的挖掘、拓宽和提炼。知识重组线索新，情境设置创意新，设问角度思路新。以新的情境设计，新的知识组合给人以新的印象。

（二）突出主干知识，强调基础知识考查

命题强调考查主干知识，突出考查学科内部知识之间的内在联系和对知识的灵活调用能力。综合性试题设计达到了既不为服从主题而牺牲学科主干知识，也不为服从学科知识而肢解主题。试题选取课程教材中反映地理学科面貌和主要分析研究方法的内容为命题素材，立足于考查本学科的基本知识、原理和规律，特别强调学习地理的最基本意识是对地理事物所处地理位置的认识。从知识角度看，考查的主要都是地理主干知识和基础性知识，大部分是地理基本原理、基本规律的运用，没有出现“偏”“怪”“难”的现象，与往年相比保持了稳定性和延续性，其他省份的高考试题也充分体现了这一特点。

（三）图像丰富，形式多样，学科特色鲜明

图像一直是地理学科的鲜明特色，文科综合能力测试要求中明确指出"熟练判读各种比例尺的地图和地形剖面图，并能在地图上填绘重要的地理事物的位置或分布区；熟练使用和说明各种等值线图、示意图、景观图像、各种自然要素和社会经济统计资料和图表等，并能根据要求绘制简单的地理图表"。

试卷中均有大量信息是通过图、表形式来表现出来的，以此为素材，承载信息、置疑设问，着重考查学生读图、析图、用图的能力。图表类型多种多样，有地理区域图、景观图、原理图、示意图、等值线图和统计图表等，丰富的图表信息使地理试卷的特色更加鲜明。材料简洁、图像新颖，信息丰富，侧重考查学生获取和解读信息，合理调动关于地球运动、晨昏线时空变化特征、昼夜长短计算等相关知识分析解决问题的能力，注重对学生学习的思维过程、思维品质的考查。每道题都要从图上获取相关信息，分析后才能得出结论，有的题答案选项部分也用示意图来表示，试卷形式新颖、内容直观，有较强的可读性，同时也充分展示了地图作为地理学科必不可少的"工具"和"第二语言"的重要价值。

（四）贴近现实生活，彰显生活地理的理念

生活化是地理课程的内容取向，也是地理教育的使命和信念，地理课程被誉为"富有生活情趣的学科"。据此，地理试题较多地选取了课本以外的素材，从现实生活中选材，试题通过大量引用课本以外的知识和丰富的社会素材，题材时代感强，体现地方特色和社会热点。人地关系和环境问题是地理学科永远的热点，在材料选取、情境设置等方面都有比较明显的时代特征，以反映现实生活和社会热点的"新材料、新情境"为载体，以当前的环境、资源和人口问题为中心，以区域环境为背景，考查学生理论联系实际的能力和素养，引导学生关注生态、环境、社会、民情，力图揭示地理学科知识与当今社会、经济、人文观念发展之间的密切联系，体现学以致用、体现培养学生的时代使命感和社会责任感的教育价值。试题取材广泛，不仅增加了试题的可读性，而且实现了知识与技能、过程与方法、情感态度价值观的有机结合，较好地体现了新课程理念。

二、教学启示和备考策略

（一）立足基础，突出主干知识的复习

知识是能力的载体，没有厚实的基础知识和基本技能，能力的培养和提高犹如“空中楼阁”。针对近几年高考地理试卷中表现出来的主要考查基础知识和主干知识的特点，在高三地理复习中，夯实基础仍是地理复习的“主旋律”之一。

在学习地理知识的过程中，很多学生抱怨课本上的知识简单，但是不会作题。其实，任何一道题目的解答都与基础知识是分不开的。学生们埋头于题海战术中，屡屡受挫，却不知在做题的过程中与基础知识相连接，将基础知识抛于脑后。例如，有的学生在学习新知识乃至复习的过程中，只知道太阳大气有三层，即光球层、色球层、日冕层。却不知道由里向外还是由外向里，甚至有的学生连日冕层的“冕”都不会写。因此，在学习地理的过程中一定要打好基础，重视基础知识。

对基础知识的复习一定要落到实处，要求学生要全面地理解每个知识点，对于地理概念、地理原理、地理规律的探究、发现、归纳和应用，一定要正确理解，切实把握，吃透地理概念、地理原理和地理规律，落实“双基”。第一轮复习中要个个突破。所考查知识均能反映地理学科特色或地理学的基本分析、研究方法，立足于考查学科的主干知识、原理、规律。

对这些主干知识的复习，要准确理解其内涵和外延。教师要充分利用课本、地图、练习题，将课本中主干知识全面系统地复习，多层次多角度全方位疏通各个知识点，弄清每个知识点的来龙去脉、适用范围和条件；多层次、多角度、全方位厘

清每一个知识点，通过知识整理，理清知识间的横向和纵向联系，构建起完整的知识框架体系。

（二）加强地理原理、规律的复习，以提高地理思维能力

很多学生认为地理属于文科，只要记住知识点，到时候搬上考卷就行了，殊不知这种做法大错特错，任何一门知识都不是依靠死记硬背来掌握的。而地理知识是以理解为基础，切勿生搬硬套。例如，有些学生始终搞不懂究竟是“背斜成山，向斜成谷”还是“背斜成谷，向斜成山”，其实，在受外力很小即不考虑外力作用下，应该是“背斜成山，向斜成谷”，但是地表形态并不仅仅是由内力作用的，在外力侵蚀的作用下，往往会出现“背斜成谷，向斜成山”的地表形态。

近几年，高考试题多立足于考查地理学科的基本概念、原理、规律以及运用它们去分析问题、解决实际问题的能力，对于学生来说，自然地理原理学习过程中的困难是普遍存在的，如地球运动的规律、气候形成的原理、水循环的规律、大气环流、洋流运动的规律等都是较难掌握的内容，因此复习时一定要把重要原理理解透彻，把握这些原理或规律的本质，不但要知道结论，更需要理解其过程，还要能读懂各种地图。如对洋流的形成、分布、规律及渔场的分析一定要落实到区域图上，要求学生不仅要会读图，还要能分析图，和相似区域的对比分析。对教材中的地理特征、地理原理、地理规律等基本知识，要帮助学生合理归纳总结和纵向联系，从而形成整体的地理规律体系。如讲到大气运动，不仅要学生能分析其成因，还要能运用相关图分析常见的热力环流，进而引申到厄尔尼诺现象和洋流的成因分析等，这样就能加深学生对地理原理之间联系的理解，从而提高综合分析问题和解决问题的能力。

（三）重视图表训练和有效信息的提取

图表分析是学习地理必须掌握的一项基本技能，也是高考中考查学生分析、

判断能力的重要手段。由于图表的阅读分析能力直接影响着学生在高考中的成绩，因此在地理图表及其阅读分析能力专题复习中应该重视地图、图表、图文之间的有机联系和相互转化，尤其要结合地理图表来提高学生的读图、识图、填图、绘图、用图、析图的能力。

地理学科具有丰富多样的地理图像，而丰富多样的地理图像为地理知识、地理原理、地理成因及地理分布等，为学生掌握地理知识、理解区域地理事物的特点、成因、分布变化规律，提供了条件，在地理图像专题复习中，应该进行图文转换、图图转换，能够做到归纳读出各种信息，找出有用信息分析解决问题，并在复习中掌握各类图表的分析方法，提高分析各种图表（如景观图、统计图、原理图、模式图、联系图、区域图）的能力。从地理图像教材的内容着眼，地理图像可分为以下几个主要类型：地图包括各级各类政区图、地形图和专题图（如气温、降水量、资源分布图等）；示意图包括线形图（如局部等值线图、经纬网图、模式图、网络图等）、剖面图（如地形剖面图、锋面剖面图等）、立体图（以立体形式出现的解释图如黄赤交角图、地球内部圈层图等）；统计图表（各种以平面二元、平面三元、立体组合或扇形形式出现的统计图）；景观图（自然景观和人文景观的各种地理素描、图片、照片、画片）；地理漫画（揭示某一地理主题为内容的漫画）。

地图不仅是学习地理必不可少的工具，也是地理知识的重要载体，文综地理试题，经常以地图和图表为切入点，再设置相关问题，考查学生的地理知识。这就要求我们在复习时坚持图文结合的原则，教会学生阅读和使用地图的正确方法，首先看图的标题（或图名）确定知识范围（若是区域图，可知道其所在的位置，若是统计图，可知道其反映的是哪些地理事物之间的关系）；二看图例和注记，发现并提取图像信息；三看图像特征，寻找标志性数据或知识点；四看相互联系，全面综合分析，组织有效答案。

地理复习中要对学生进行“绘制图表、缺图补图”训练。要求学生能模仿、记忆、想象，做到眼、手、脑并用，有利于加深对地理知识的记忆和理解，这也是读图过程中的重要环节。地理复习中要培养学生的用图习惯。地图不仅是学习地理必不可少的工具，而且是地理知识的重要载体。考地理必定要考“图”，这是地理学科的特色。学生要尽可能将地理课本中所有的知识点放在各类图形中去理解和掌握，不要凭空去记、去背。地理复习中要重视图形的变式、转换。图表信息转换题常常以曲线坐标图、数据表格图、景观结构图及地理事物分布图等为载体。解这类题目，识图能力至关重要。读图时，要熟记图中各结构的名称和所要表达的地理意义；要掌握该结构与地理事物的关系，能用自己的语言对插图进行准确的描述。同时还要重视图形的变式、转换，例如针对人口、资源、气象、工农业发展等方面的问题，通过图图变换将剖面图转换成地形图；平面图转换成立体图；局部图转换成整体图；表格数据转换成曲线图或改变设问角度等方式，提高学生读图分析能力。地理复习中体验、掌握图文转换信息的方法和技能。

地理复习过程中，学生应该掌握图文转换信息的方法和技能有以下几点：第一，应该巩固和深化了解中国地图和世界地图中各种地理事物的分布；第二，对各种表格数据、坐标曲线和直方图表达图中的地理要素的表达形式进行转换。如把文字或数据表达的内容改用坐标曲线表达，把坐标曲线改用文字表达等。第三，提高分析和解题能力。学生应该对信息转换题的各种题型进行归类和总结，找出规律和解题方法。第四，在练习中不断巩固和领悟解题思路和方法。在训练中，要多做一些能够体现知识重点、有思维价值的典型试题，如做区时计算、等高线、等温线、等压线、日照图、气候类型等试题时，不能只求会做，做完后应回顾领悟解题过程，归纳清晰的解题思路和步骤，力求达到“举一反三”的境界。

提高读图能力是提高地理成绩的重要环节，而读图能力的培养和提高要靠日积月累，所以我们要做到多见多看、多画多练、多思考、多转换、多总结。有些试题特别注意以区域地理为背景，考查学生对区域位置，区域范围的空间定位和区域特征的综合分析。这就要求我们应该制定出科学的有针对性的复习策略，首先要熟悉课本及地图册的相关图示，重视中国政区图和世界政区图的应用，要把气候类型、地形地势、河流、人口与资源、著名城市、重要地理界线、工农业区的分布等落实在政区图中。因此在复习区域地理时，要多进行看图、读图、划图、描图、识图、判图、析图、记图、填图、绘图、图图转换等训练，达到“手中无图，心中有图”的境界，以备高考时能应付自如。

（四）重视学习方法，提高地理思维能力

1. 培养学生灵活调用所学知识的能力

首先要指导学生构建起具有每个学生认知特色的较为完整的知识框架体系，因为只有经过学生的自主构建经过自主整合存储于学生自我的知识框架体系内的知识，才能在需要时及时调用。其次，在平时训练过程中提高学生对知识迁移应用的意识，从而提高学生主动调用知识的能力。从几年来高考地理试题来看，无论是选择题还是综合题，要想单纯依靠一个知识点或一个章节的知识解答问题，是不大可能的，这体现了知识的综合性特点，因此必须构建完整的知识体系，通过对地理学科知识体系的总体把握，以及建构基本的知识框架和理论体系，全面认识和理解学科知识的主旨。平时一些学生对课本的学习，就是因为只停留于记忆知识，而没有深挖知识的隐含线索并进行充分的知识联系，也没有把注意力落在“知识的疑惑点、关联点、薄弱点”上，从而造成知识体系不清晰、知识联系不紧密，知识没有系统化、结构化和规律化，当然也就为知识的提取、迁移与应用，为思维的灵活与变通造成了障碍。因此只有培养学生自主整合出地理知识体系的能力，才能实现对所学知识的有效迁移和灵活运用。

2. 培养学生的地理思维视角、习惯和能力

地理思维视角、能力的培养，功在平时，讲究积少成多、滴水穿石。因此在教师平时教学过程中要不断渗透对问题思维的独特的地理思维视角和地理思维能力提升的培养。如对地球流汗漫画的分析，可以先请学生谈谈自己的观点，这样可以培养学生的分析、推理和表达个人见解的能力，有利于培养学生发散的地理思维习惯和能力，同时教师也要适时引导学生分析地球流汗的内在原因、基本原理、过程和对气候、洋流、渔场乃至对区域经济发展等造成的影响。学生总是被动地听教师讲课，表面上看学生很认真听讲，学习很投入，而实际上这种听课方式，学生还是顺着教师的思路和设计方案走，实质上学生还是被教师牵着鼻子走，学生上课只是停留于听懂了、记熟了，而对知识的形成、发生和发展过程缺乏深入的了解，对地理概念没有去拓展其内涵和外延，对地理原理没有去深入探析其来龙去脉，对地理规律没有去体验其提炼的过程，因而难以做到真正意义上的理解。由于缺少这种主动参与知识的形成、发生和发展的思维过程，没有了思维上的亲身体验，当然对于知识的理解和认识也就显得肤浅而不深入。在教学过程中，教师应当给予学生合适的引导，帮助学生发散思维并进行表达，让学生自主地学、深入地学，从而培养学生的地理思维视角、习惯和能力。

3. 用地理语言回答地理问题，提高学生的文字表达规范性

高考所要考查的能力大多最终以文字的形式反映在答卷上。针对近几年高考试题中所反映出来表达欠规范、欠准确等问题，需要我们在平时训练过程上明确以下两点：第一，尽可能运用精练准确的地理专业语言。多用专业地理术语，言简意赅。第二，书写规范。因果关系表述明确，环环相扣，完整到位。多角度多层次回答问题时，要条理清楚，层次分明。

书面表达得规范、精准与否，是评价学生综合能力高低的一项重要指标。从学

生书面表达的情况，可以看出其知识的丰富程度、思维的敏捷性、逻辑的严密性以及对学科语言使用时所持的态度等。纵观学生在历次、历类考试中出现的诸多失误，书面表达不过关的问题最为突出——词不达意，不着边际。细究问题的原因，除了没有必要的知识储备及不能破解解题的关键环节之外，最重要的是对书面语的组织使用尚在许多方面把握不住或把握不够。

《考试说明》第 10 项能力要求指出，“在给定的时间内，完成各种地理计算或逻辑推理过程；进行文字准确、条理清楚、逻辑严密的表述。”即要求学生用语言文字的表达来证明具有前 9 项能力。虽然地理学科并不是以检验学生的语言表达为目的的，在参考答案中也没有设置专门的给分点，但前面全部的思维过程都要通过答案来体现。因此，学生在回答问题时术语的使用情况、语言组织的逻辑性、表述的层次性就显得非常重要了。学生在答题时要注意术语的使用，对基本概念和基本原理的表述不可用日常生活用语来代替，要符合学科习惯和规范。书写中做到逻辑严密、顺畅，切不可想一点写一点，思想混乱；而且要“紧扣题意”，不要胡子眉毛一把抓，不知所云；还要避免盲目做长篇大论，不着边际。

（五）关注与现实生活的联系，开阔视野

高考地理试卷多取材于现实生活、生产实际，角度新颖、设问灵活多样的特点，在地理备考中，应密切关注现实生活中发生的与地理相关的事件，深入研究身边的地理、生产生活中的地理，从地理角度分析发生的事件，把它作为教学案例穿插在平时的教学过程中。如此，不仅可以提高学生的学习兴趣还能提高学生运用所学地理知识分析问题、发现问题并解决问题的能力，学以致用，理论联系实际。

长期以来，我们把“课本知识”作为唯一的学习资源，从而造成课堂教学以教师为中心，以传授“课本知识”为任务。使学生的学习游离于生活世界之外，学生作为弱势群体被迫顺从学科专家的权威，变成了消极接受课本知识的“容器”，其结果只能是发展“知识”而不是发展人。因此，我们的教学必须从课内走向课外，从“课本知识”向“生活知识”拓展，使教学真正走入学生的生活世界。这也符合新课程标准“学习对生活有用的地理”这一理念。如果放弃身边丰富的教学资源而一味地照本宣科，那应该是舍本趋末，必然达不到“有用”。比如沉积作用形成的黄河三角洲、东营港口、黄河故道、黄河三角洲湿地保护区、胜利油田的石油工业都是身边宝贵的、鲜活的教材。加强与社会各界的沟通与联系，寻求多种支持，也是合理开发利用校外地理课程资源的重要途径。同时，把家长请进课堂，讲述或展示他们的所见所闻，这比教师依据地图和课本夸夸其谈更具有说服力。

用心去激发学生爱地理的情感，用创新方法让学生深入体验学习的过程和乐趣，用探究合作实现师生、生生之间心与心的碰撞，不断激发创新思维之花，不断提升学生的科学思维品质创新实践能力和地理科学素养。

第二节

重构体系，突破主干

新课程改革高考地理试卷风格，具有相对的稳定性、规范性、主干性、学科特色性的特点；试题内容覆盖面广，着重考查地理学科的基础主干知识和基本技能，注重“获取和解读地理信息”“调动和运用地理知识、基本技能”“描述和阐释地理事物、地理基本原理与规律”“论证和探讨地理问题”四项能力要求的考核；强调“以能力测试为主导”的基本取向，充分体现了天津高考说明中“注重考查学生的地理学习能力、地理思维能力和学科素养”的考核目标与要求。

一、突破地理主干知识，提升地理思维能力

高考具有抽样考查的特点，在知识面上，一是既不追求知识点的全面覆盖，也不追求章节的高覆盖率。二是主干知识始终是考查的重点内容，且常考常新，近年来有些知识在试卷中的复现率较高，也说明了主干知识在高考中的重要地位。

所谓的主干知识是指能反映地理学科主要面貌或知识体系的核心概念、基本原理和基本规律，具有相对集中和系统性强的特点。地理学科的主干知识体系主要有自然地理的五大规律（地球运动规律、大气运动规律、水体运动规律、地壳物质运动规律、自然环境地域分异规律）；人文地理的四大区位理论（农业区位理

论、工业区位理论、城市区位理论、交通区位理论）。

学生应在最后冲刺阶段把握这些主干知识，灵活调用就能达到纲举目张的效果。建议冲刺复习时完善如下四大知识系统：

一是运动系统：地球的运动、大气的运动、水体的运动、地壳和地表物质的运动、地理事物的时空变化等。二是人地关系系统：人口问题、环境问题、资源问题、可持续发展问题等。资源问题、环境问题和可持续发展问题贯穿教材的很多章节，我们要把它们从教材中提取出来，分析其分布、特点、成因、规律以及对策。三是区域地理系统：自然区域、农业区域、工业区域、城市区域等。由于区域地理是高考命题的出发点，而高考涉及的社会热点本身就具有地域性，因此学生必须有清晰的区域位置概念，才能有极强的应变能力。四是地理图表系统：等值线图、日照图、景观图、地质示意图、统计图表等。图表分析是学习地理必须掌握的一项基本技能，图表的判读分析水平直接影响着学生高考的成绩，学生们要能够灵活进行图文转换、图图转换，并能对图表进行综合归纳，获取和解读各种信息，找出有用信息，并分析解决具体问题。

二、完善知识网络，重建知识体系，理清知识内在联系

冲刺阶段一定要依据高考考试说明，逐条回归教材，完善知识网络，重建知识体系，理清知识之间的内在联系，明确学科的知识结构，强调学以致用、理论联系实际。如何才能真正做到理解考试说明呢，我们说一定要与能力目标相结合来落实。不是简单地记住和理解，而是在具体情境中的运用。这里的“行为动词”是学生复习时的关键引导。

要针对在实际做习题的过程中，所暴露出来的对知识之间的联系不熟悉的问题、对知识的掌握停留于表面而理解不透的问题，学生应该在看书的基础上多换

角度去思考，多借助几个载体来整合知识，从而能掌握知识之间的逻辑关系和因果联系，以便提高知识应用时的迁移速度。如气候知识，就可根据气候的具体分布、气候的主要特点、影响气候的成因、各种气候类型的判断、气候对工农业的影响、气候资源的利用与评价这一思路进行知识联系；也可利用区域图对中国各分区之间、中国某区域与世界某区域之间的气候的主要特点、影响气候的成因、气候资源的利用等进行对比联系；还可对各大洲相同的气候类型进行影响因素的逐一对比等，通过各种途径进行知识联系，使自己对知识的理解更加深入、对有关原理的应用更加熟练，从中还能形成科学的地理思维方式和掌握正确的思维方法。

再如《考试说明》中："全球气压带、风带的分布、移动规律及其对气候的影响。"这条要求中包含的知识内涵很丰富。仅看"气压带、风带的分布、移动规律"是很简单，似乎与大气环流没有关系。但是气压带、风带的分布、移动规律对气候的影响就复杂了，可以是风带的影响，可以是上升流的影响，可以是下沉气流的影响，也可以是气压带的影响。那么风和气压又有很多情况，有不同的性质，而气候又包括了气温、降水、水热组合等。复习"气候"时，可以从气候要素、气候因子、气候类型的形成原因与分布规律、气候的地带性与非地带性表现、气候对人口分布与农业的影响等方面展开联想，使自然地理与人文地理结合起来。

三、适度关注热点，紧密联系社会实际，注重知识的运用

现实生活中的许多问题和现象都与所学的地理主干知识密切相关，所以社会热点问题永远是高考试题最常见的素材。热点问题主要有国际、国内、天津重大工程建设、重大科技成就、经济区建设、生态农业、自然灾害、可持续发展等，学生应注意把热点地区落实到图上、细化热点地区的基本自然和人文特征、强化热点区域典型地理事象并能用地理知识和原理进行分析和解释，发散思维，真正做到学

以致用。

关注国际时事，了解国内新闻不仅是一种生活时尚，同时还带给我们丰富的地理知识。地球是一个大家庭——地球村，关心世界上每天发生的事，就是关心我们自己。通过对当前国内外热点的背景、缘由、过程、发展趋势等的剖析从而了解发生地的自然地理环境、人文地理状况。通过对时事的分析和学习，学生能增强分析材料，根据材料调动所学知识并丰富其知识网络的能力，实现学而有用、学以致用。

四、灵活运用科学方法，提高答题绩效

高考地理选择题 15 道，由 8 至 9 组试题组成，分值 45 分。做选择题时一定要审清题干、审清设问、审清选项，判断与所学内容是否完全一致，切忌似是而非、只看大概，或只看一两个选项。要灵活运用选择题解题方法。如直选法（再现法）：把记住的知识再现出来，主要考查记忆的准确性。排除法：罗列地理事物或现象较多时，可将选项与题干条件对照，将错误选项排除，缩小范围，重点分析剩余选项。优选法：题目提供的四个选项如果都符合题干要求，但题干中又有“最”“主导”“主要”等字样，就应该采取选优法进行取舍。转换法：主要用于“借用条件”的选择题，将命题条件转换成与该条件意义相同的另一种说法（与选项的关系更明确、更直接）。图解法：利用示意图辅助解答选择题，在地理分布、运动规律，空间想象等方面，可根据题干所提供的条件绘制出图形，直观地表现解题条件或将条件具体化。

综合题 3 道 20 个左右考查知识点，标准答案字符 500 字左右，做综合题时，要 3 审（审材料、审设问、审题分）4 定（定方向、定中心、定性质、定方法）。读懂题意：首先必须读懂题意，找出关键词，把握试题的中心含义，以及试题作答要

求，这样才能做到有的放矢。看清图示：近几年的高考试题中均与图相关，答题时要认真看清图像和图表中所表现的内容，准确、全面而有效地从图示材料中提取显性的和隐性的信息并注意将图像、图表资料与文字资料有机结合起来，加以灵活运用。各种地理要素之间是相互联系、相互影响的，答题时注意地理事物和现象之间的相互联系准确表述：对试题进行逻辑分析后，要进行答案的构思，并能够用地理语言回答问题，用词用句可多借用教材，简明扼要、条理分明、切中要点形成“知识链”。

地理复习过程中，应多归纳、多迁移，将学过的知识和已经具备的基本技能及方法运用于解决问题，实用性更强。在复习过程中，应突出地理的综合性和地域性特点，突出学科主干知识的应用等。随着新课改和新高考改革的进一步推进，在考查的知识面上，一是知识点逐渐回归基础，同时抽考性强；二是重难点知识常考常新，复现率高，凸显主干知识。因此，依据地理基本规律和基本原理，建立各类问题的分析模型，明确解答问题的思路和方法，这是提高复习备考效率的有效途径。

第三节

复习规划，整体把关

人们常说，如果一个人没有了希望，也就没有勇气；如果没有了目标，也就没有了动力。而规划之中，恰恰包含着一个人的希望和目标，包含着一个灿烂的前景和美好未来。而这种前景和未来对一个人的鼓舞力量是难以估量的。而对于高考来说，希望是学习最大的动力，规划是实现目标最有效的途径。因此刚刚进入高三紧张学习的莘莘学子对于高三的总复习一定要做适合自己的复习规划。

一、明确高考地理试题特点及变化趋势

全国卷及各省市高考地理试题也都均较好地体现了以“能力立意”为主导，侧重考查地理基础主干知识、基本地理技能的掌握程度和综合调用所学地理知识分析问题、解决问题的能力；试题设计上具有鲜明的地理学科特色，突出考查了学生的地理思维能力；试题稳中求变，力求创新，保持连续性，体现过渡性、衔接新课程理念的总体要求；高考试题较好地顺应了高中课程改革的需要，“学习对生活有用的地理”“学习对终身发展有用的地理”“培养现代公民必备的地理素养”“重视对地理问题的探究”等新课程理念得到进一步的渗透，试题形式图文并茂，有较强的亲和力，命题取材贴近学生生活实际；命题主导思想“高起点，低落

点”，更加体现关注学生的整体性，保证试题的有效性等。这对学生们高考地理总复习会起到正确的引领和导向作用。

二、合理规划，科学备考

高考地理总复习实际上是一项与时间赛跑的比赛，在有限的时间内，如何更好地去掌握基础知识、基本方法，进而提升个人的地理素质，取得优异高考成绩是备考时段的主要目标。科学合理规划高三地理总复习，显得尤为重要，同时科学合理规划也是实现高三地理复习有效性的重要条件。在各个阶段中，要依据授课计划和个人的复习计划，合理整合，实现总复习的有效性和高效性。

选修新授课阶段：教师讲授选修内容时，务必要力争准确把握，因选修大多是将必修内容在区域中如何去应用的问题，或者是解决区域可持续发展的一些人文地理的内容，从教学内容难度上来说，此部分内容难度不大，但记忆性的内容偏多，因此学生们要紧跟教师进度。

（一）总体系统复习

此阶段是总复习的真正开始阶段，也是实现复习有效性和高效性的基础阶段。

1. 科学整合初高中地理教材

初中地理复习是必要的，是我们进行区域地理总复习的关键基础。复习此阶段时学生们一定要重视地图，抓住地理的核心，“地图”是地理学的第二语言，也是高考地理中必不可少的，回顾近几年高考地理试题，基本做到“无图不考”。地图是地理独有的知识载体，地理知识、原理、规律以及考核形式都集于地图一身，掌握了图就把握了地理脉络。而且，从心理学讲图形又比文字好记，可以说是地理学科最好的学习方法。学生们复习时可从地图入手，在复习时要把地图分布，地理规律都落实在地图上。

如复习中国地理，一定要结合10个方面地图，即中国政区图、中国地形图、中国气候图、中国水系图、中国资源图（森林、矿产、水能、旅游资源等）、中国农作物分布图、中国工业分布图、中国人口民族城市商业中心图、中国交通图、中国自然保护区图等。逐一看图、记图，甚至画图，进而明确各主要区域图的经纬度位置和轮廓图形状，努力做到在考试中“手中无图，心中有图”，达到“人图合一”的境界，这样课本上的基本知识就掌握了。此外，适当做一些地理各种考试图形的练习十分必要。

如地理景观图、地剖面图、地理原理示意图、地理漫画图、地理数据图、地理结构图、地理等值线图等。在复习世界地理和中国地理知识的过程中，要合理地将高中必修的自然地理和人文地理的知识整合其中，做到融会贯通。如自然地理中的气候分布图、洋流分布、板块构造等，人文地理中的人口分布、农业地域类型分布、交通运输方式分布以及区域地理中北方地区、南方地区、西北地区、青藏高寒区、东部经济地带、中部经济地带、西部经济地带等。

在这一部分中，顺延初中知识并夯实高中知识基础，把握“地图”阅读和图形练习是复习的重点、难点。

2. 系统复习高中必修

在高考地理试题中，高中地理必修内容占比重是最大的，如果说初中地理是作为高考命题的背景知识的话，那么高中必修内容则是高考地理试题的主体。因此，我们在复习此部分内容时要以教材为线索，把教材用到位（教材的图、表以及探索活动中的内容甚至是教材的小注要做到熟悉）；高度重视地理基本概念、原理、规律和分布特点，构建主干知识的知识网络；进行知识的重新组合、梳理、加工，要力求全面、细致，并适当拓展和加深。

通过基础复习—梳理知识—注重广度，从微观上落实考点，做到基础知识扎实、准确、熟练。如第一部分地球与地图：从考核内容看，命题的重点通常是判断各种地图、地形剖面图，说明各种等值线图、经纬网图，说明太阳活动及其对地球的影响，以及时区和日界线、晨昏圈、太阳高度、太阳直射点的移动等知识。从对能力的要求看，试题侧重读图能力和空间想象能力、计算能力以及绘图能力的考查，日照图几乎是必考内容。其目的是考查学生提取有效信息、解决实际问题的能力。

第二部分自然环境中的物质运动和能量交换，主要包含大气、水的运动、地壳运动三大部分。大气重点考查的内容有气候类型、大气环境保护、大气逆温现象、天气形势图、气候资源的利用等，命题形式大多以天气形势图、区域图、数据材料作为命题背景，将气候与人们的生活、气候与农业生产紧密结合起来设问，用基本地理原理和地理规律解释社会生产和生活的具体问题；水的运动重点考查的内容有水循环、洋流分布图、洋流分布规律、洋流对自然环境的影响等，命题形式大多以关系图、区域图、数据资料为背景和载体，将此部分知识与气候、地球运动等知识相结合起来设问，用水循环和洋流分布规律来判读洋流性质及其对周边气候的影响；地壳运动重点考查的内容是地质作用、地质作用下形成的独特地貌及地壳物质的循环，命题形式多是以结构图、景观图等为背景知识，考查学生对某一景观的形成原因、分布规律等的判读。

（二）细化专题复习

在上一轮复习的基础上，去粗取精、知识重组、归纳总结、专题归类的过程。以专题形式把地理学科繁杂的内容条理化、规律化，快速形成解题方法，加强对地理思维品质和综合能力的培养，实现从知识到能力的升华。因此，本轮复习的成功与否，是高考能否取得成功的关键。本轮复习应抓主干知识，强化重难点，突出地理综合性和区域性特点，通过专题复习要达到：重组知识—注重深度，做到融会贯通的目的。

专题一：地理位置。（世界8个主要国家、主要地形区、主要河流等的经纬位置及轮廓图，世界重要经纬度经过的重要地理事物名称，中国主要河流、地形区的经纬度位置及轮廓图的识记等，小区域图的识别再认等，基本达到小区域图识别或模糊定位）

专题二：运动规律。（地球运动、大气运动、洋流、地壳运动，此部分内容是高考中难度最大的过程性地理知识，对以上四个主要运动知识作到更深入的认识和理解，再次明确成因、规律及影响）

专题三：气候。（气候因子、气候要素、气候分布、气候成因、气候特征、气候判断、气候对工农业的影响等）

专题四：河流。（河流的水系特征、水文特征，河流与气候、河流与人类活动等，河流是流域性的，可通过世界及中国主要大河综合复习相关知识）

专题五：地理计算。（地球运动中地方时、日期、昼夜长短等计算；等值线图中的相关计算等）

专题六：等值线。（等高线、等温线、等压线、等太阳高度线、等深线等的判读方法、技巧和规律）

专题七：图表解析。（等值线图、日照图、区域图的判读与应用，地理统计图表的阅读）。

专题八：区位因素（农业、工业、城市、交通、商业等相关区位因素的再细化）

专题九：区域可持续发展。（综合整治和各种环境问题）

专题十：热点问题。（中华人民共和国中国成立70周年，人类首张黑洞照片公布，生态文明建设持续推进——珠峰关闭，港珠澳大桥、大兴机场、中俄东线天然气管道工程相继竣工等）

专题十一：答题技巧。（选择题答题策略和方法，综合题答题策略和方法及综合题答题的规范化）

（三）整体提升综合复习

该轮复习以综合练习、考前练兵、个性答疑为主，包括综合练习、模拟练习等，要求学生熟记知识，提高应试能力和答题技巧，此阶段是高考地理复习的最后阶段，也是决定高考地理成功的最后的一关。此阶段教师会依据所教学生在前两轮复习过程中学生依旧存在的问题及对高考地理重点考查内容的预测精选资料，重点强化训练学生“提取有效信息、分析有效信息和解答问题的能力”。

作为即将参加高考的学生要从相关模拟题的做题者转变为研究解答相关问题的研究题者，学生在解题过程中，要了解考试命题的原则及考查范围，研究题目类型，揣摩解题方法，从而真正掌握各类题目的基本特征及解答规律，不断总结解题方法，做到举一反三、触类旁通，遇到新问题时，可迅速确定解题思路。通过综合复习我们要综合运用知识—注重效度（在给定的时间内高效率地完成任务），真正实现能力突破。

在此过程中，学生要利用模拟考试，从宏观上进行学科内和跨学科综合训练，灵活运用知识，并能进行知识的延伸迁移；同时还要注意知识的查漏补缺，扫清知识盲点。

通过充实、紧张而有序的三轮复习之后，学生们定会收获良多，个人的地理知识储备、地理解题能力和答题能力也达到了历史最高水平，此时最需要的是在考前两周回归教材和充满自信地去迎接下一年的高考。

当前，教育改革正在向纵深推进，而新课程理念的推广和应用仍需要多方积极努力，本章通过运用新课程理念，对高三地理复习策略进行了研究，期望能对新课改工作提供一定的参考。今后，让与高考地理复习策略有关的研究，运用到高考地理复习教学中，对高考地理复习起到一定的指导作用。教育理论不断发展和完善，也就是教育理论真正科学地应用到我国教育培养中，无论是微观还是宏观方面都进行改进和变革。高三地理课程教育是高三课程体系教学的重要内容之一，也是国家高考课程重要要求之一。建立地理课程教育理论体系和实施多元化教学方法，首先就要对地理课程教学中各种影响因素进行分析和地理课程所存在的特性深入研究，高三地理高考策略研究则是其重要内容之一。因此，对复习策略的总体把关有助于我国地理课程教育理论体系的完善，更有利于教育改革的进行。

第四章

高中地理之学校战略支持

高中地理学习涉及学生学科素质和综合素质培养，在学生培养过程中，学校相关战略的支持起到了至关重要的作用，学校通过对长远发展目标和行动路线进行宏观的预见和安排，帮助教学顺利进行，帮助学生综合发展。本章将从“求思文化”助力学科内涵发展、课题研究推动科学素质教育综合示范校建设、建立健全科学素质教育评估体系以及打造现代化科学素质教育平台四个方面阐述高中地理的学校战略支持，根据案例分析简述学校战略支持对地理教育的重要性，及其对学生素质培养的重要影响。

第一节

“求思文化”助力学科文化发展

“教育质量观”[1]问题再次引发社会的关注。不知从何时起，教师积极参与的热情似乎被越来越多的“标准化评价”浇熄，被学业水平考试压得抬不起头来。为了应考，不少学校不得不调整授课计划，为应考学科让路，为此，教育工作者不得不慨叹：新课改的热情已去。路在何方？如何看待课程改革中暂时出现的所谓“高原区”？

一方面，教育工作者要有教育理想，要追求素质教育的精彩特色；另一方面，又不得不关注各类考试中排名的位次。一时间，各校加课之风此起彼伏。这样的加课行为的确可以通过时间和练习的弥补，帮助学生们巩固学习的知识，提升学生们的考试成绩。然而单纯的加课在一定程度上会提升学生的学习负担，反复而枯燥的练习逐渐消磨学生学习的兴趣，使得学生沉浸在应试教学的苦累中，被“唯成绩论”所绑架，得不到真正的全面培养，素质教育更成了空谈。

当前，基础教育改革正处在向纵深发展的过程中，已进入体制机制改革的深水区，教育者必须用睿智与胆识，实事求是地遵循教育规律去思考、探索、引领，

① 教育质量观，是指对教育工作及学生质量的基本看法。主要着眼于对学生质量的评价，因学生质量取决于教育工作质量。

要善于用思想引领学校发展，从学校多年的文化积淀中寻找答案……也正是在这样的背景下，天津市实验中学从领导到干部，从全体教职员工到每一个学生乃至家长，共同开展有关“质量”问题的讨论。重读办学理念——“以人为本、力行创新，为学生的终身发展奠基”，明确了我们的教育应该为学生一辈子负责。

我们细读办学特色：个性发展教育，即“寓国家的教育要求于每个学生的个性发展之中”。因此，强调教育的根本着力点是承认和尊重学生个性差异，通过深入研究，找到学生个体蕴藏的有待开发的潜能和优势，进而积极创设优良的教育环境，采用适合学生发展的教育方式，构建有利于每个学生个性发展的教育。

教育者常说：“十年树木，百年树人。教育是慢工细活，需要的是春风化雨、润物无声。教育的成果要在学生进入社会做出贡献时才会被反映出来。教育需要的是‘风物长宜放眼量’。在教育的‘马拉松长跑’中，处处都是起跑线。”因此，在教育的过程中，强调要对每个学生负责，通过真正的教育实现终身学习，利用个性化教育培养学生依据自己的兴趣点进行探究学习，帮助学生成为国家、社会所需的创新性人才。

此外，我们还进行了案例分析，并以首届参加高中新课改的实验年级为例。这个年级的师生在年级组组长傅剑老师的带领下，以极大热情全身心投入新课改的实践。三年中，教师们开设了近百门学生喜欢的校本课程，实行学生自主选课跑班制，他们提出每个学生要掌握两项终身锻炼的体育技能，毕业时全年级 400 名学生体育技能达到 99.9% 的通过率。事实教育着师生：一味加课，换不来全面发展，换不来学生主动学习的意识、终身受益的本领。通过这场大讨论，师生们认识到：当我们跳出“唯分数论”的“质量观”，便会清醒地得出结论，绝不能把目光仅仅聚焦在分数上——用分数指挥一切、衡量一切、评价一切。一位骨干教师意味深长地说：“尽管我们可能‘没有成绩过不了今天’，但是我们更应想到‘只有成绩’肯定‘过不了明天’”。

当我们评价一堂好课时，不应仅停留在课堂效率的提高上，而应关注课堂背后对师生成长的意义；所追求的是真正将课堂还给学生，让课堂焕发生命的活力。让学生成为课堂教育的主体，教师自己应少说一点，留出时间和空间给学生。只有还给学生独立、主动学习的时间和空间，他们才能学会独立思考、独立发现问题、大胆提出问题，进而创造性地解决问题。学生通过自主学习，提出问题；对问题进行思考讨论，对问题的解决提出方案，对方案进行评价，让学生自己讲解做法，让其他学生评价，教师只是课堂教学的引路人，帮助学生厘清思路，引导学生自主学习。在这个过程中，师生的角色发生了本质的转变：学生从听者、答者、接受者变为思者、问者、探究者。教师也从讲者、问者、控者变为倾听者、引领者、共同探究者。只有改变传统教学中“一言堂、满堂灌”的教学方法，才能帮助学生在终身学习的道路上得到有效的成长。之前的由教师单方控制的课堂，才会真正呈现出蓬勃生气。

第二节

课题研究推动科学素质教育综合示范校建设

创新始终是国家、民族发展的重要力量，也是推动人类社会进步的重要力量。不创新不行，创新慢了也不行。如果我们不识变、不应变、不求变，就可能陷入战略被动，错失发展机遇。实施创新驱动发展战略，是应对发展环境变化、把握发展自主权、提高核心竞争力的必然选择，是加快转变经济发展方式、破解经济发展深层次矛盾和问题的必然选择，是更好引领我国经济发展新常态、保持我国经济持续健康发展的必然选择。

继党的十八大提出“科技创新是提高社会生产力和综合国力的战略支撑，必须摆在国家发展全局的核心位置”，党的十九大报告进一步提出“建设科技强国”目标。纵观人类发展历史，而建设“强科技”的创新型国家，关键在人才，尤其在创新型科技人才。创新科技人才不可能凭空出现，需要长期的教育和培养，特别是学生时代，更需要加强科学素质教育，提升学生科学素养，培养创新精神和实践能力。通过示范校建设，创“科普能力”之优、示“素质教育”之范，为培养造就创新型科技人才奠基；为学校加强科学素质教育示范校建设提供有益的参考。

21 世纪是科学技术迅猛发展的时代，各国基础教育改革的重点都不约而同地集中在提高各国的科学教育水平上，着手调整科学教育的结构、革新教育内容、改革教学方法，构建新的基础教育课程体系。其目的就是着眼于学生的发展，提高未来公民的科学素养。学校教育作为科学技术从知识形态转化为社会生产力的中间环节，是实现人的科学素养提高、推进科技进步的根本途径。21世纪是科技创新的世纪，提高学生的科学素养是学校义不容辞的责任。为此，学校通过由天津市科学技术委员会资助的“天津市实验中学科学素质教育综合示范校建设”实践研究，利用课题探究的方式推动科学素质教育，培养学生学科学、爱科学、讲科学、用科学的精神，努力提升学生的科学素养。

一、加强领导，营造科学教育氛围

（一）建立健全科学教育管理体系，为科学教育的实施保驾护航

优秀的组织架构有利于体系的管理和计划的实施，学校为实现科学教育有效实施，建立了健全的管理体系。架构如下：一是学校成立科学教育领导小组。由校长担任学校科学教育工作组组长，教务处主任、科研室主任、校科技教育协会会长、资深科技辅导员等任组员。二是设立科学教育工作例会制，定期召开领导小组的工作会议。定期召开工作研讨会，每年一次扩大到行政会向全体教师和中层领导汇报科学教育情况并征求科学教育意见。三是建立发展性评价机制。由社会知名企业给予资助，设立科技创新奖，用以表彰、鼓励在科学教育中做出突出贡献的师生。

（二）加大专项经费投入，完善科学教育的软硬件建设

优秀科学教育教师和良好的实践科学教育必备的场所是真正实现科学教育提升学生科学素养的重要基础，这要求教学的“硬件”和“软件”能与教学策略相匹配。

“软件”建设上，为提高学校科学教育教师队伍的科学素养及教学水平，学校

积极采取了“请进来”“走出去”“顾问制”等方式，先后邀请南开大学、天津市科技创新发展中心、天津市气象局、天津市地震局、天津市环境保护局等部门的专家和教授到学校做专题讲座，并聘请以上专家教授作为学校科学教育的“首席顾问”，先后派教师参加由华东师范大学霍益萍教授主持中国科学技术协会组织的“创新人才培养项目”“创新项目孵化”“全国青少年科学教育师训计划”，并派教师赴新加坡、美国、瑞典、日本、韩国等国家进行科学教育的学访，旨在培养一支高素质的科技教育师资队伍。从而有力地促进了教师的科学教育意识的发展，提高了学校全体教师的科学素养。

“硬件”建设上，先后投资近五百多万元，建设了“紫微垣天文研究室”“生物创新实验室”“PASCO 物理创新实验室”“编程高手”“虚拟驾驶”等 33 间创新实验室。为开展科技教育活动奠定了物质基础，提供了有力保障。

创新教育的建设始终不是单打独斗的建设，而是一个需要成体系、有方法的建设。为了帮助创新教育有效进行，建设合理有效的教育组织架构，加强领导，通过教学“硬件”和“软件”相互结合，努力营造科学教育氛围，可以帮助创新教育有效实施，为开展教育实践提供坚实而有力的帮助。

二、创建具有实验中学特色的科学教育课程体系

特色学科体系是拓宽学校教学内涵的立足点。在时代背景、办学底蕴、本土文化、学生需要等因素的综合影响下，构建合适的特色科学教育课程体系可以有效地帮助学生增强科技意识，培养科学精神，树立正确的科学观。那么，在推进课程改革过程中，如何“构建特色课程体系，促进学生快乐发展”，培养学生创新精神、实践能力和终身发展的能力，成为当前学校课程改革的重要任务。

（一）科学教育与学科课堂教学整合，多学科交叉渗透构建科学教育课程研发体系

科学教育涉及知识面广、科学性强，需要各学科互相补充、教学相长，充分运用教学中现代化教学技术，可有效激活学科科学知识，提高发现问题、研究问题并综合运用知识解决问题的能力，为科学教学开拓了更广阔的天地。学校每年围绕“科学教育与学科教学整合”主题开展教学设计、研讨、录像课评比等一系列活动，各学科深挖具有科学教育的内容，充分整合学科教学进行科学教育活动，调动学生学习科学的热情，引导和启发学生去探索这些成果取得的途径，培养学生的科技意识和科学精神。

现如今，科技的创新、发展和突破越来越依赖于多学科交叉、融合，这就对复合人才的培养提出了新的要求。中小学阶段正是塑造人才的关键阶段，若是在这一阶段利用科学教育和学科课堂教学整合以及多学科交叉渗透构建科学教育课程研发体系，可以帮助学生树立正确的科学观念和科学态度，完成对学生创新能力的培育。

（二）研发科学教育校本课程

没有教材的课程混乱而毫无章法，无法带给学生综合性、可视性的学习和思考。然而不同的教材设置不同，教学目标不同；即便是同一本教材也会因为学生的个性而创业板在差异性。因此设置具有针对性的科学教育校本对于实现科学教育有奠基性的作用。为更好地开展科学教育活动，根据学校具体情况，研发了一系列科学教育校本课程，自编科学教育教材，如“创新思维——天文篇”“创新思维——生物篇”“创新思维——物理篇”“创新思维——IT 篇”“创新思维——化学篇”等 35 门校本课程。现在学校“校本课程”中的科学教育类课程开设率达到 60% 以上，并创新性地给科学教育类校本课程实施连排课（90 分钟），以利于学

生较为完整地提出研究项目、分析项目的可行性和新颖性并开展项目研究。

近年来，课程多样化的趋势进一步加快，此次基础教育课程改革，国家根据教育目标规划课程计划，按照这一计划制定必修课的课程标准，把选修课的决策权交给地方和学校，并颁发了与之相配套的《地方和学校课程开发指南》，旨在建立自上而下和自下而上相结合的管理政策。这一决策的实施，将会改变“校校同课程、师师同教案、生生同书本”的局面。在校本教材的梳理下，科学教育将实现目标化、本土化、专题化的有效构建，帮助学生通过校本课程，锻炼科学思维，培养科学能力，实现科学教育的有效发展。

三、多方结合建构科学教育的活动课程体系

（一）科学教育活动“主题化”

没有主题的科学教育是没有章法的科学教育，更是没有逻辑引导的科学教育。在这样的科学教育下，学生的学习是不成体系的，即便开展多次的科学教育活动，学生也难以将这些活动整合成一个有效的逻辑体系，这样的科学教育活动是空有形式而没有实质的。因此开展“主题化”科学教育是有必要的，通过主题的分类和框定，给予学生学习方向，在这个方向中厘清楚学习思路，可以成功构建有效的知识网络，帮助学生进行全面化的科学培养。

创新能力不是一种单一能力（比如智商、情商），它由一些思维能力综合而来，主要包括系统性思维能力、创造性思维能力和实践能力。在这样的主题活动中，学生们通过配合、实践、创造完成了对创新能力的综合培养。

（二）学校、家庭和社会相融合，实现科学教育无缝链接

家庭教育作为是教育人的起点和基点，在实施科学教育中也起到了重要的作用，孩子出生后，从小到大，几乎三分之二时间生活在家庭之中，都在接受着家长

的教育。这种教育是在有意和无意、计划和无计划、自觉和不自觉之中进行的，不管是以什么方式、在什么时间进行教育，都是家长以其自身的言行随时随地影响着子女。这种教育在孩子的生活习惯、道德品行、谈吐举止等方面起到潜移默化的作用，伴随孩子的一生，有些教育家又把家长称为终身教师。通过这一方式，帮助家长指导学生学习科学知识。因此，帮助学生们成为更有价值的创新型人才。

科学知识最终要回归社会中去检验，因此开展多种形式的社会实践是校内科学教育必要的延伸和补充。为此学校十分重视社会科技资源的开发和利用，如每年暑期或利用双休日组织学生到蓟州区进行有关地质、生物、地貌等内容的考查研究；参观滨海新区“达仁堂”现代化制药企业，感受科技对国家发展的巨大影响；深入社区，进行节水调查和宣传；远涉“潘家口”水库，了解引滦入津工程的源头水库的水情并进行水质调研，感悟天津缺水的现状，增强节水意识等。多彩的活动将学校科技教育与社会紧密结合起来，为学生搭建自主学习、研究性学习的平台。

四、理念引领、成果丰厚

教育理念是一个学校的灵魂、特色、品牌。一个学校要想长期生存与发展，就必须有自己的理念与目标。天津市实验中学以“为学生的终身发展奠基，培养具有良好个性特征的全面发展的人”作为办学理念，积极构建科技人才培养的生态环境。提出“四个结合”：课内、课外相结合，软件、硬件相结合，普及、提高相结合，学校、家庭、社会相结合。坚持“三个侧重”：侧重学生参与，侧重研究过程，侧重学习研究体验。把学校科学素质教育活动办得经常化，在国际、全国及本市各类青少年科技竞赛、中成绩突出。

学校在近几届全国青少年科技创新大赛中：2019 届获 1 个二等奖、2020 届获

1 个三等奖；2021 届获 1 个一等奖并获英特尔英才奖，还有 1 项二等奖。在 2022 届获 1 个一等奖、1 个二等奖。在天津市创新大赛中获一二等奖更是不胜枚举。

学校还荣获中国少年科学院科普基地、国际机器人奥林匹克培训基地、中国发明协会、全国中小学信息技术创新与实验活动组委会颁发的先进单位奖牌、天津环境保护局颁发的美景行动优秀组织奖、全国地球小博士科普教育基地等。多年来连续荣获天津市青少年科技教育活动先进校的荣誉称号。

学生科学素养的提升是一个系统的全面的工程，我们在“科学素质教育综合示范校建设”取得一系列优异成绩的基础上还需要不断思考和探索，发扬优势，弥补不足，有所创新，有所突破，长期、系统地开展好科学教育活动，更上一层楼。

第三节

建立健全科学素质教育评估体系

21 世纪是科技创新的世纪。在这一时代的大背景下，“创新强国” 成为目前的国家战略。建成创新型的国家依赖创新型的人才，学校是培养创新人才最重要的起始环节。提高学生的科学素养、培养创新人才是学校义不容辞的责任。中学阶段是世界观、人生观、价值观形成的关键时期，也是形成科学兴趣、科学理想的重要时期，是个性形成、多元发展的重要时期。这一阶段正是学生丰富知识体系，形成创新思维，培养创新能力的重要阶段，也是最需要创新教育的阶段。创新教育是素质教育的重要组成部分，以学生创新精神、创造个性品质、情感态度和创新能力为基本价值取向进行教学指导。

一谈创新，很多人想象中这都是对天才的描述，与普通人无关。然而事实并非如此。学生们在创新力上没有不可跨越的鸿沟，每一个学生都是具有创造力的，都是可以被挖掘的，只要给予学生们有效的创新教育，创新之花会在每一个学生心中绽放。想要实施创新教育，就要以尊重个性特长、弘扬主体精神、促进和谐发展和挖掘创造潜能为宗旨，以全方位地完善教育过程和学生成长过程为目标，面向全体实施素质教育培养。创新教育与以往的传统教育不同，并不采用“唯结果论”。创新教育要重结果但更要重过程，在培养学生学科学、爱科学、讲科学、用科学的过程中，努力提升学生的科学素养。从培养创新精神入手，以提高能力为核心，带动学生整体素质的自我构建与完善和促进学生富有个性的发展。由此，如何实施创新教育成为教育界探讨的热点。

首先，实施创新教育，就需要我们创建具有实验中学特色的科学教育课程体系。从教育的本质看课程，就是学校设置的课程对学生有什么用，培养什么样的人；从课程文化的角度看课程，就是要开设对学生的品质、价值观、能力和发展力有影响的课程。其实两者的价值取向是一致的，就是课程要充分体现其教育功能以达成育人目标的实现。因此，建设特色科学教育体系的基础就是设定一个科学、合理的育人目标。经过淘炼，学校提出了“育人目标全景图”，其含义是：在求思文化引领下，以课程为载体，以文化融合、互动为方式，以追求个性发展教育为核心，实现学校的培养目标。确定在哲学思辨、国际视野、领袖素养、问题解决、观察探究、创新实践、信息素养、审美能力等八个方面为学校总体培养目标作贡献。并利用学校总体培养目标，对科学素质教育体系进行反向评估，检验体系的有效性，做到“有行动，更有反馈”的科学教育机制，为创新型人才培养作出贡献。

目标作为科学教育体系的发展方向的总体设定，指导着创新教育的适时方向。但只有目标远远不够，教育始终需要实践，需要通过实践完成对教育设计的检验和调整，需要通过研究把握目标的完成情况。通过多年科学素质教育的实践和研究，我们认识到只有把科学素质教育与课程有效地融合，才能还给科学教育一个高位。学校通过全方位的共同努力，为科学素质教育搭建三维度课程平台（如图所示）。

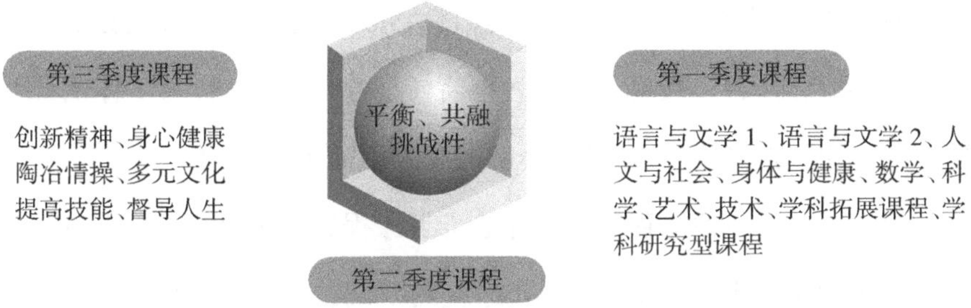

研究性学习方法、研究性课程、社会实践、社会服务

一、坚持“四个整合”

课程体系中，科学教育课程紧紧抓住了四个整合：科技创新教育与课堂教学的整合；科技创新教育与校本课程的整合；科技创新教育和社会实践活动的整合；科技创新教育与德育工作、团队活动的整合。通过常规课型、研究型课程、研究性学习课程，开发课程资源，把科学教育全部纳入学校课程体系。

（一）科学教育与学科课堂教学整合

构建多学科交叉渗透构建科学教育课程研发体系。科学教育涉及知识面广、科学性强，与各学科教学互补，利用综合教学的优势实现科技创新教育与课堂教学的整合，可有效激活学科科学知识，提高发现问题、研究问题并综合运用知识解决问题的能力。学校每年开展一届以《科学教育与学科教学整合》的教学设计、研讨、录像课评比等一系列活动，各学科深挖具有科学教育的内容，充分整合学科教学进行科学教育活动，调动学生学习科学的热情，引导和启发学生去探索这些成果取得的途径，培养学生的科技意识和科学精神。

（二）研发科学教育校本课程

在经济和科技高速发展的时代，科学教育也需要进行进一步的拓展。而这一拓展，离不开研发校本课程。开发校本课程，其意义不仅在于改变自上而下的长周期课程开发模式，使课程迅速适应社会、经济发展的需要，更重要的是建立一种以学校教育的直接实施者（教师）和受教育者（学生）为本位、为主体的课程开发决策机制，使课程具有多层次满足社会发展和学生需求的能力。

校本课程并不是一种课程类型，而是属于课程管理方面的一个范畴，是正在形成之中的同我国三级课程管理体制相适应的基础教育新课程体系中一个组成部分，即中小学新课程计划中不可缺少的一部分。

我国的校本课程是在学校本土生成的，既能体现各校的办学宗旨、学生的特别需要和该校的资源优势，又与国家课程、地方课程紧密结合的一种具有多样性和可选择性的课程。这一界定试图反映校本课程的三种基本属性，即关联性、校本性和可选择性对于目前设定的学科课程教育，校本教育是不可或缺的一环，丰富了现有教材的广度和宽度，也延伸了学习的范围，更增强了本土化的特点以帮助学生更快、更有效地理解知识并学会迁移到生活当中。那么对于科学教育，校本课程的意义是否也很重要呢？

培养创新型科技人才的方式、方法与途径可能有多种，但我们深知学生学会求知、学会做事、学会合作、学会生存的主阵地是“课堂”，而课堂教学与学生学习的主要素材是“教材”，而“教材”的编写、实践、再修改、再具体化、再个性化、再校本化等是基于新课程理念下的“创新课程观”而组织实施的。即在科学教育当中，教师可以根据学生的具体情况、个性发展来设定教材，组织设计校本课程，可以有效帮助学生了解科学教育，实施科学教育，达到科学教育的有效目的，由此可以有效地培养出创新型科学人才。

因此构建理念先进、具有实践可操作性、具有持续开发性、具有交流互动性、具有与学生学习生活实践相吻合性、具有时代性的系列科技校本课程是非常必要也是非常重要的一种手段或方式。它必将为科技创新型人才培养提供支持和示范引领作用，它必将会推动我市乃至全国的创新型人才培养。

学校在完成基础教育阶段的科学教育的基础上，积极研发具有本校特色的科学校本课程。以专题课为核心，在新高一年级和新七年级开设“科技性研究性学习课”。建立学校科技教育评估体系，实践科学教育与学校教育教学工作整合；“校本课程”中的科技类课程开设率达 60% 以上，科技类活动小组一百个以上。不断提高学校的科学教育质量，加强科普能力建设，建设达到在基础教育阶段国内领先、国际一流的水平的“生物技术创新实验室”“地理、天文实验室”。通过对校本课程的补充，使全体学生掌握必要和基本的科学知识与技能，体验科学探究活动的过程与方法，培养良好的科学态度、情感与价值观，发展科学探究能力，增强创新意识和实践能力。

（三）科技创新教育与社会实践、德育工作、团队活动的整合

学生全面发展作为新课改的最大目标之一，始终引起了教育教学的主要关注。教学要求，把“德智体美劳”全面融入思想道德教育、文化知识教育、社会实践教育各环节，贯穿基础教育、科技创新教育各领域，学科体系、教学体系、教材体系、管理体系要围绕这个目标来设计，教师要围绕这个目标来教，学生要围绕这个目标来学。因此，在科技创新教育过程中，盲目地只照本宣科并不能起到让学生全面发展的作用。学生作为学习的主体，应该通过各类社会实践、德育工作以及团队活动进行全方位的能力培养，在多维协助下完成对科技创新教育的指导，成为集创新思维、创新能力和创新道德于一身的新时代青少年。

为此，学校举办了一系列活动来践行科技创新教育与社会实践、德育工作、团队活动的整合。例如，学校 100% 的学生参加学校组织的科技周、科学月等各项科技活动，全校 80% 以上的学生都参与了一个科技类活动项目（七年级、高一 100%）。学生积极参加各种科技俱乐部（科技兴趣小组）活动。多次组织对学生

行之有效的各项活动，如组织全校学生开展“保护母亲河”活动，并举办了第六届“春华秋实”杯“同一片蓝天，同一个家园”学生环保知识擂台赛。

从课堂教学的学科整合优化，到教育校本的开发丰富；从社会实践的开展实施，到德育工作、团队活动的相互配合，“四个整合”立足于学校教育的方方面面，它打破了学科的界限、打破课堂的界限，更打破了学校教育的界限，尝试通过各种各样的途径丰富教学内容，培养学生的创新精神和科学态度，增强创新意识和实践能力，帮助学生实现全面发展。

二、优化拓展课堂教学，激发创新兴趣及个性

学习活动应该是一种尊重个性、快乐的过程，更是应该由学生主动探究作为学习方式的过程。一个科学有效的学习活动，集教师的引导和学生的主动获知于一身，在有限的课堂中进行无限的延伸，帮助学生养成良好的学习习惯。那么，主动学习的培养受哪些因素影响呢？学生主动学习，兴趣是其成长的引擎，善于质疑是创新的开始，也是创新的动力。唯有引起学生学习的兴趣，培养学生敢于质疑、善于质疑的能力，才能促使学生主动学习，帮助学生成为现代社会所需的创新型人才。这就要求在课堂教学这一培养人才的主阵地上，从优化课堂教学入手进行创新人才的培养。在课堂中激发学生学习的热情，培养学生学习的兴趣，鼓励学生不断发现问题、提出问题，积极思考成为课堂教学的永恒追求。以发现、探索、研究为行动形式，在民主和谐的师生关系中，学生们展开想象的翅膀，敢想、敢问，质疑、解疑，课堂学习环境充满了创新、创造的气氛。

现代教育思想强调民主施教，注重学生个性，给予学生充分的尊重和信任。不难看出，教师对学生个性的最终和引导是民主施教环节中极为重要的一环。个性自由发展是创新型人才的重要特征，也是创新型人才成长的基础。注重个性、将项

目研究、个案研究、小组合作学习等多种教学方式方法引入教育教学过程来帮助学生发展个性，是个性施教、民主施教的重要教育方法。在这种民主的教学氛围，质疑解疑的互动式教学成为课堂的主基调。教师们引导学生质疑并积极强化，教师尊重学生的每一个提问，欣赏善于提问的学生，并把探究意识养成作为了考核学生学业成就的一部分，积极强化学生的探究学习行为。学生们因其个性不同，对事情分析的视角、方法、深度和广度等也各有差别，提出的问题也千差万别。在这种个性化的提问中，教师更容易去了解学生的个性，由此对学生进行进一步创新性的培养和帮助。长此以往，在日常教学中渗透创新思维和创新意识，起到了润物细无声的效果，带动了教学方式和学生学习方式的变革，育人模式的创新也不断赋予教学以创新的内涵与生命的活力。学生成为教育的主体，培养学生独立性、坚持、自信、喜欢挑战、勇于质疑与探索等良好的个性品质是教育义不容辞的责任，而这正可以在这样的课堂教学中收获。

充分挖掘学科教学中的创新教育内涵，强调课程内容与学生学习生活及现代社会科技发展的联系，发现教材中知识的兴奋点，有意识地激发学生的求知欲，引导学生把知识的兴奋点转化为探究的起点，学思结合，知行统一，帮助学生学会学习，学会探究，学会创造。学习过程始终秉持着以学生为中心的准则，根据学生的个性、兴趣与创新潜能等实际情况，关注教材中知识的延伸，拓展学科知识，从课内拓展到课外，从课本拓展到学生的现实生活、社会生活及自然界所感兴趣的事物，给学生积极思维的空间，引导学生发现问题，提出疑问，坚持己见，鼓励异想天开。在不断地引导下，使教学内容更具有探索性，同时使学生了解学科的前沿，激发他们对自然和科学的兴趣和好奇心。

教育是不断进步的，而课堂也是不断发展的。现有的课堂教育无法满足现代教育中要求对学生创新能力的培养，因此，优化拓展课堂教学十分必要。在课堂教育中，教师分别从教学方式、课外拓展、结合实际等方面分别优化，关注学生个性的同时，提升整体的教学质量。只有教师真正做到挖掘学科教学总的创新教育内涵，从源头上激发学生对学习知识的兴趣，才可以从本质上实现个性教育、民主教学，完成对创新精神的培养。

三、多维共建，丰富科学体验

人的创新能力是哪里来的，心理学家斯坦等人的研究表明，通过适当的教育与活动可以激发人们的创造性思维。然而对创造性思维的培养只通过课堂上单方面的科学知识传授显然是远远不够的，对学生科学观念的培养要利用实践与课堂的相互补充，学校、家庭和社会等方面相互融合，通过多维共建来丰富学生的科学经验。

在广泛开展的普及性科技活动中，可以保护探究的精神和好奇心，动手动脑中，积极合作，挖掘自身的潜能。为培养学生创新能力，学校让每一位学生都有可能参与到各种活动当中去，都有实践机会；让每一位学生都能发展自己、提高自己，有展示自己才华的舞台。打破年级界限，根据学生不同的兴趣和爱好，学校建立了紫微垣天文社、环境保护协会、机器人俱乐部等众多的科技社团。学校创建了33间创新实验室，在图书资料的使用、专业指导教师的配备、相关信息资源的整合等方面给予学生针对性的帮助，使学生自主开展的科技活动有声有色，并且取得了较好的成效。

创新人才的培养离不开创新实践，创新精神要一点一滴地在实践中积累养成，创新能力要在实践中锻炼提高。在实践活动中，不仅能使学生证明和接受已有的知识和理论，而且还会发现新的现象和新的问题。没有创新的实践，就不会产生创新人才，也不可能发现创新人才。

学校十分重视社会资源的开发和利用，采取校办互动与社会资源相互整合的方式。使学校创新教育与社会紧密结合起来，利用多角度互补的方式来帮助学生在学校内外进行实践活动，为学生搭建自主学习、研究性学习的平台，以丰富学生的科学学习方式。每年暑期或利用双休日组织学生到天津科技馆参观，感悟科技之美；与北京大学、清华大学、南开大学等高校建立了“对接培养机制”，把课堂延伸到大学、科研单位以及其他社会实践基地，聘请教授、专家指导学生进行课题研究。组织学生到有我国地质博物馆之称的蓟州进行地质、生物、地貌考查研究等。零距离接触科学研究，使学生体验了科研过程与方法，与学术大师对话，追问科学的奥秘，共同探讨科学前沿等诸多关乎人类社会发展的现实和长远问题，提高了学生们的创新能力，也增强了学生们的社会责任感，激励着学生们努力求索，志存高远。

总体来说，增强科技创新能力的培养方法可以总结为以下两种：

（一）科技创新教育活动“主题化”

科技创新教育因其“创新性”的特点，需要学生对知识有兴趣、又极为丰富的知识面，在多知道、多了解的过程中逐渐完成教育的事实，而这始终离不开丰富的活动。活动因其丰富性，常会显得杂乱无章，这样的活动不但没有办法帮助学生培养创新能力，还有因为其混乱而只是带着学生“走马观花”，看个过场。因此，科技教育“主题化”显得极为重要，在这样的“主题化”下，活动有统一的中心思想，学生在互动中可以有效地整理出活动逻辑并由此搭建出合理的知识体系。

（二）学校、家庭和社会相融合，实现科技创新教育无缝链接

学校是实施科学教育的主阵地，但科学教育的开放性特点决定了科学教育必然要与家庭和社会相融合。目前，无数一线的教师们尝试“以家庭为基础，以学校为主体，以社会为平台，努力构建‘三位一体’的教育网络”共同营造有利于学生健康成长和全面发展的良好环境，形成具有特色的教育模式。

家庭教育是国民教育的基础，是学校、家庭、社会三位一体教育网络的重要组成部分，但目前，家庭教育的重要性并没有被广泛意识到，唤醒家庭教育成为三位一体教育网络搭建的关键的一步。为了更好调动家庭科学教育的积极性，学校利用家访、家庭科普讲座等手段，帮助学生和家长意识到家庭教育的重要性，帮助孩子在家庭中得到更深的科学教育的引导和熏陶，弥补在学校教育、学历教育中缺失的方面。

有些人认为“学生处于学习阶段，就应该在学校内施展才华”，这样的说法显然是不对的。社会教育是家庭教育和学校教育的延伸，家庭教育、学校教育和社会教育就像是鼎下三足，任何一足没有打造好都没有办法让鼎平稳矗立。而对于社会教育，教师要注重把社会当作是教育的一个平台，让科学知识最终要回归到社会中去检验，因此开展多种形式的社会实践是校内科学教育必要的延伸和补充。为此学校十分重视社会科技资源的开发和利用，使学校科技教育与社会紧密结合起来，为学生搭建自主学习、研究性学习的平台。在这一系列的实践当中，利用学校与社会的联合，帮助学生实现知识和应用的联系，感受现代社会与基础知识相互促进，此发展的关系，帮助学生增强社会责任感和科学意识，实现对学生全面发展的科学观正确引导。

在教学中，唯有不断尝试拓宽课堂的广度和深度，利用校内丰富创新教学方法和教学路径、校外加强学校教育与家庭教育、社会教育相结合，努力搭建多维创新引导，丰富学生的科学体验，才能帮助学生突破各类界限，达到对创新能力的引导和培养。

四、构建“六维度”科学素质评估体系

为了更准确地考核教师的工作，考查学生创新能力和综合素质，学校制定了

“六维度”科学素质评估体系。在确定科学素质教育的评价标准时，学校充分注意到了学校教育的特点是具有时间上的连续性，学生的特点是具有发展潜能的广阔性和不确定性，经过反复实践最终确定采用评价指标从模糊到清晰的三级指标的方式，这样既保证了评价角度的全面与包容，又因为第三级指标清晰可操作。整个评价的指导思想是确定性和发展性并重，评价的对象是教师和学生并重，评价表的作用是指导性和评价性并重。

评价表的一级指标设定六个维度评价科学教育，这六个维度是学校对科学教育课程的总体要求，也是教师进行科学素质教育的切入。第二级指标共 18 项，它是对一级指标的操作分解，是教师进行科学教育过程的比较清晰的操作要求。第三级指标共 48 项，主要是对学生提出的清晰的要求，以及对教师具体的教学指导中重点关注的清晰要求。最后为了便于定量给出评价的结果，以各项赋分的方式给出课程的最终评价。

科技素质教育评价量表

一级指标	二级指标	三级指标	分值	得分
科学知识	广度与深度	能唤醒学生学习需求，激发学习动机；鼓励强者向上，排除弱者焦虑，增强自信；接近学生的最近发展区，学生乐于参与	6	
	普惠性	满足学生的个性需求，每个学生至少有一项专长；贴近学生实际，学以致用；面向全体，提供足够的课程供学生选择	3	
	时代性	接触最新科学技术成果，激发学生学习兴趣，每期所开的课程中，“新课”超过 1/3；采用多元学习方式，让学生接触世界	6	

续表

一级指标	二级指标	三级指标	分值	得分
科学探究	探究精神	鼓励质疑，培养批判性思维；实事求是，追求严谨；和谐、民主的学习氛围；能提出新问题，能发表新见解	6	
	探究方法	熟悉常见的科学方法，每个学生比较熟练地掌握1—2种科学探究的方法；熟悉探究方法的流程，明白其意义，体会其作用；鼓励合作探究，培养团队精神	8	
	探究能力	鼓励在讨论中发现问题；鼓励在生活实践中发现问题；鼓励多元思考问题	6	
科学创新能力	创新意识	设置批判性情景，鼓励辨析；不怕失败，大胆尝试；创设情境，鼓励学生打破常规	6	
	科学幻想	有丰富的想象力，能够动手、动脑设计，记录自己的科学实践；追求新奇，激发学生的好奇心	7	
	自主思考	每个学生能够独立完成一件作品；自主观察项目（饲养、种植等），透过现象看寻找规律	7	
科学实践能力	探究与设计	信息收集和处理，提出问题；确定计划，确定设计方案；实施解决策略；对设计解决的评价、交流、反思	6	
	问题解决	在实际生活中善于发现问题；转化问题，解决问题；对以解决问题的评价、交流、反思	8	
	技术与操作	科学方法的应用；操作熟练程度、流程的合理程度；设计的实用性、新颖性	6	
迁移、整合能力	类比与概括	科学知识与其他课程的双向沟通，促进；从简单处入手，观察、归纳、联想、猜想	4	

续表

一级指标	二级指标	三级指标	分值	得分
迁移、整合能力	发散与变异	对探究和设计过程、思路的调节；思维的新奇性、跳跃性	3	
	融汇与贯通	跨学科思维；对问题、现象的全面理解；享受到美	3	
可持续发展能力	自然与环境	有环境保护的意识、做法；喜欢自然，能从自然中有所感悟	4	
	节约与有效	注意到成果是有用的；有超前的意识，有对资源的危机感	4	
	成果与价值	参加各种竞赛，取得成果；申报专利，有一定影响；形成传统，具有连续性	7	
总分				

创新人才的培养需要创新文化的熏陶，积极营造开放、进取的校园文化氛围，培育学生严谨的治学精神和求实创新的学术风气，同时弘扬鼓励创新、宽容失败、敢为天下先的创新文化。实验中学在以求真求实，思学思新为内涵的“求思文化”引领下，让创新成为一种文化，一种方式，一种习惯，根植于学生的学习生活中。让学生有自我表现的空间，展示自己的绝活，展示自己的一技之长，支持小发明、小创造，启发想象力、创造力，为学生的才能发挥提供舞台。给学生以学科学、用科学的空间，激发他们参与科技实践活动的兴趣，充分发挥环境育人的作用。建立科学合理的评价机制，对教学目标完成情况进行合理评估以及时反思，改正。

营造创新氛围、培养创新思维、倡导创新行动、形成创新文化、造就创新人格，是天津市实验中学创新人才培养实践的追求和梦想。尊重个性培栋梁，创新实验育英才，实验中学在创新人才培养的路上步履坚定，稳步向前。

第五章

高中地理之教师队伍建设

习近平总书记在全国教育大会上指出：“教师承载着传播知识、传播思想、传播真理，塑造灵魂、塑造生命、塑造新人的时代重任。”在这个对人民综合素质要求不断提升的时代，教师作为立教之本、兴教之源，担当着独一无二的历史重任，而这也对教师队伍建设提出新的更高要求。只有筑牢教师的信仰根基，培养教师的教育情怀和事业理想，发挥教师的示范作用，才可以通过教师的教育把一代又一代的学生培养成拥护中国共产党领导和我国社会主义制度、立志为中国特色社会主义事业奋斗终生的有用人才。为此，学校牢牢把握解放思想、突出实践特色，贯彻群众路线、正面教育为主的原则，紧紧围绕“办人民满意教育”的目标，坚持以推动教育改革创新为动力，以提升学校整体发展为主线，以全面提高教育教学质量为核心，以“强化基础，发展内涵，提升素质”为载体，进一步加强师资队伍建设，确立科学的教育理念，加强教育教学管理，扎实实施素质教育，促进学生全面健康成长。

第一节

构建可持续发展的学习型教研团队

随着社会的快速发展，人们对于祖国下一代的教育态度也发生巨大的变化，更加重视教育对个体的作用，伴随着新课改的进一步推行，新的课程教育理念的科学性、先进性也逐渐体现出来了，它指导教育者不断打破传统教育的束缚，探索适合学生的、符合当代学生的世界观、价值观和人生观。面对新课程的实施对教师教育教学的新要求，教师队伍必须不断学习、必须拥有开放民主的心态和工作方法、必须具有合作的意识、必须以研究的态度对待教育教学工作。这就要求学校需要为教师全面协调可持续发展，创造条件，搭建平台，努力构建可持续发展的学习型教研队伍，整体提升教学水平，为新课程的实施给予最大的帮助。

为此，学校以科学发展观为理论指导，以学校“求思文化”为引领，以教研组为平台，以教师教育教学研究为主体，以国内外、教师教育教学过程中的真实问题为中心，以课例为主要载体，以交流、共享为主要方式，积极推进教师全面协调可持续性发展，构建可持续发展的学习型教研团队。

教研组是学校实施教学管理、开展教学活动的基层组织，是发挥教师集体力量开展教育教学研究、深化教学改革、实现高效教学、渗透学科思想、传授学科方法的重要组织形式。它是学科教师进行教研活动和学科竞赛的基本组织，是学校对教师进行日常管理和考核的基本组织，应该说教研组工作是学校工作的重要组成部分，但在现实中教研组活动往往出现“说起来重要，做起来不重要”的现象，从而使得教研组工作容易浮于表面，没有实际意义的实质性活动，这种状况制约着教研组功能发挥的最大化，从而限制了学校总体教学水平和教学质量的有效提高，而随着新课改的实施与推进，教研组工作将面临极大的挑战，因此对教研组工作的观察与反思，将有助于促进新课程中教研组工作的顺利开展。

一、针对工作中“四多四少”，必须实现四个改变

（一）事务性多而研究性少，改变教研功能萎缩的状况

教研组的一项重要功能就是进行教研活动，但在现实中，教研组活动往往只停留于一些事务性的工作，如布置常规工作、安排活动内容、传达会议精神、进行试题命制等，而缺乏对教育教学中存在的问题进行反思和研究，这种现象是普遍存在的，应该引起大家关注。其实教研工作中的研究性教研完成与否，将会直接影响教师业务水平的高低，将会直接影响教研组的生命力和综合实力。传统的观念认为，教师的任务就是教学，而研究并不是自己的职责，其实这是一种认识上的误区，要想真正提高教育教学水平、要想真正提高学生的整体素质，就要从研究性教研入手，进行教研活动，反思调整教学中的盲点和误区，帮助教师进行改正。

如果教师没有一定的理论指导，没有以一定的教育学、心理学和现代教学论为基础，没有以研究为依托的教育教学水平的提高和深化，在教育教学过程中如果遇到新情况和新问题时，可能就会茫然不知所措，甚至可能采用错误的教育方法，不但自身在教育之路上误入歧途，更会对一代学生造成不可逆的影响。新课程要求教师的观念要更新，要求教师的角色要转变，从教学与研究的关系来看，新课程要求教师是教育教学的研究者，因此无论是教研组长，还是教研组的组员，都应

该主动、深入地进行教研活动，以改变“实际工作中教研组活动‘教’得多而‘研’少，教研活动浮于表面化”的现状。

在教学过程中每一位教师都应该以研究者的身份和心态，置身于教学过程当中，以研究者的视角和眼光，审视和分析教学中的各种问题并应在研究中发现问题、思考问题、解决问题，从中增长知识、增长思考力和感悟力；用教育学和心理学理论来论证自己总结的新观点、新见解；在实践中用教育学、心理学理论以及新理论来指导自己的教育教学工作来提高自己的道德修养和学识修养，从而提高教学质量；每一位教师都应该主动做好教学经验的收集、整理和提炼工作，以便将经验成为大家借鉴的法宝，通过大家的教研活动来促进教研组全体教师整体水平的提高。

每一位教师可以经常进行教学反思并进行有针对性的研究，例如关于新课程中教师的角色和新理念，可以进行诸如“如何组织教学促进学生的主动参与”“如何为学生搭建知识探究的平台，使学生成为知识的主动探究者而不是被动接受者”“如何进行问题的创设和教学程序的设计，使教师成为学生真正的知识引导者”等，通过活动改变纯粹依靠“经验”进行教学的局面，彻底改变教研功能萎缩的状况，使得教师自身素质和驾驭课堂教学的能力得到提高和增强。

（二）活动性多而主题性少，改变活动内容空泛的状况

在现实中一些教研组工作看似井井有条、轰轰烈烈，其实透过现象看本质，往往是“活动目的不明确，活动主题不具体”，从而出现了活动过后收效甚微的状况，这种活动当然也就失去了应有的意义。其实在教育教学中存在的问题层出不穷，尤其是新课程呈现出不确定的、动态的课堂，理念是新的，教材是新的，这种变化必然带来的是教师角色、教学方式、教辅手段、课堂评价等方面的转变，这种转变对课堂教学结构的触动是深层次的，在新课程的环境下，许多教师面对开放

的课堂、丰富的教学资源会显得不适应，可能还会手足无措；也有的教师感觉不会上课了；还有些教师则难以摆脱传统教学模式和思维定式的束缚，穿新鞋走老路，甚至一些教师还可能采取消极态度。

面对这种“不想改、不愿改和不敢改”和“新课程呈现的不确定性、动态性课堂”的形势，教研组长及其组员应该通过讨论，并选定一些现实意义强的主题。如大班教学如何使学生“动”起来；案例教学怎样加强知识和能力的迁移；教学评价怎样对教学起正导向作用等；课堂自主学习的探索、小组合作的学习方式的探索、分层教学与学习的探索、问题中心式的教学探索以及新理念指导下的授新课、讲评课、复习课、练习课等的课型探索，学科与多媒体整合的探索；针对课堂中存在的困难和问题，进行问题解剖式的研讨课、观摩课，可以进行诸如“新课的导入、课堂的小结、设问的设计、练习的讲解、兴趣的激励、思维的激活、手势语言的应用、解题方法和思维方法的总结与应用”“激活学生思维的策略”“提高学生参与课堂教学的策略”“加强小组合作的策略”“增强课堂探究性的策略”“活化课堂教学气氛的策略”等。通过不同形式的载体，如专题观摩课、专题研讨会、专题示范课、专题报告会并事先确定中心议题和中心发言人，采取问题诊断式（带着某一问题听课）或者问题探究式（围绕某一问题设计课程）来议课。

这种有针对性的研讨和交流，可以改变教研组活动内容空泛、活动目的性不强的状况，在这种主题明确的专题活动的过程中，可以很好地带动和激发教师参与课程和教学改革的积极性和主动性，从而使得全体教师能够真正领会和内化新课程的基本精神，能够自觉把新理念、新内容、新方法转化为活生生的课堂实践，进而打破传统中照本念经、教师牵着学生鼻子走的现象。

（三）分散性多而合作性少，改变集体备课淡化的状况

教师的工作有其特殊性，每一位教师面对的学生是不同的，即使是同一位教

师，不同班级也存在较大的差异，因此教师的劳动主要是个体性的，加上不同教师的性格、脾味、年龄、经验和经历各不相同，各自有各自的处世原则和教学思想，根据多元智能理论，每个人的智能特点有很大的差异。有的教师教学的板书设计合理、优美俊秀，有的教师根据教材要求画图栩栩如生，有的教师风趣幽默、旁征博引、妙语连珠，有的教师思维严谨、思路广阔。正因为如此，如何使教研组成为一个团结合作、步调一致的集体；如何使教研组成员互相取长补短、优势互补；如何加强组员之间的交流与合作就显得十分重要。

但是在现实中，组员之间各自为政、单打独斗的分散性单兵作战的现象比较普遍，而教师之间合作交流、集体备课的立体性的协同作战比较少见，即使有集体备课，也是粗浅的、片面的，甚至还存在互相留一手的状况。这种现象的存在，制约着教师之间的真诚合作与交流，制约着各位教师个性特长的充分发挥和教研组优势资源的充分挖掘，这对学校教育教学水平的提高是很不利的。因此在新课程的实施中，要注重以老带新，要注重教研组和备课组的集体备课工作，尤其要注重发挥教研组长和备课组长的积极性和主动性。

例如，地理学科在备课组活动中，就可以针对“教师的教学理念、教学方式、教学手段以及课堂目标的确定、教学环节的选择、学法指导的策略、师生互动的设计，甚至小到一个难点的突破、一个提问的设置、一道作业的选择、一个习题的讲评”等进行新老教师的面对面的探讨和交流，老教师还可以在这种近距离的交流中把自己教学中的成功经验诸如“教学机制、教材处理、地理规律和原理的归纳与应用策略、学生中常见的地理疑难问题的突破方法、经典的解题方法，如日照图、等值线图、区域综合题等的解题方法以及典型的解题思路和创新方法”等传授给新教师，在这种有实质意义的针对性强的备课组活动中，容易让新教师在较短的时间内快速成长。

（四）褒扬性多而纠正性少，改变评课氛围保守的状况

在实际的教研组活动中存在着“只讲好话，不讲缺点”即“褒扬性多而纠正性少”的现象，特别是在评课过程中，往往会出现长时间沉默的现象，即使有些能够主动发言，也是环顾左右而言他，评课不痛不痒、泛泛而谈，或只说优点、或只说普遍性问题，如教态、板书、语言表达等。对于上课中存在的实质问题如教学设计，则避而不谈如教学设计、教学方法、学法指导等。这样“所谓不敢揭短”的评课方式，其实对上课和听课的教师都是不利的，因此这种“评课氛围保守的状况”是应该特别值得重视的，必须加以尽快和彻底改变，否则会阻碍教师业务水平提高。

为此，要改变这种状况，教研组长在这方面应该发挥主要的作用，教研组长要有足够的胆略和魄力，敢于管理，善于管理，带头营造教研组评课的氛围，并让组员达成评课时“对事不对人”的共识，如果能够做到这一点，那么过去那种“沉默是金或你好我好大家好的评课态度”也就不复存在了，教研组的每一位成员能拧成一股绳，形成凝聚力。营造良好气氛，教师们在评课和议课时放开手脚、抛开思想顾虑，大胆发表自己的见解，各自亮出新颖的观点、奇特的思路，虽然各自的见解可能“有褒有贬、有优有缺”，但这种见解和建议是真诚的，那么教师们还是能够真心接受的，因而通过这种有实质意义的“思维的交换、思想的交锋”，能够给予每位教师以教学的启迪、智慧的升华，从而使得听课者和上课者都能够得到启发和实质性的收获，那么每个教师的特点和优势，在这种互帮互助的教研组评课、议课中得到最大化的发挥。

二、加强学科组建设，形成共同的价值追求

加强学科组建设，对促进教师专业可持续发展，提高教育教学实践的智慧水平，提升学校教育教学质量等具有十分重要的意义。那么如何加强学科组建设呢，

经过多年的实践和探索证明，加强学科文化建设，形成共同的价值追求，是促进学科组和教师专业可持续发展的重要策略之一。

在教育领域，“文化”正成为近年来热门的词语之一，文化建设已成为许多学校管理与发展的积极追求，“文化的力量”正成为推动教育进步、学校发展和教师专业成长的巨大动力。学科文化是学科组成员共有的行为规范体系、自觉的精神和价值观念体系以及全体成员的共同生存方式。学科文化建设是实现“学校办学理念与教师思想行为之间相互转化”，从而促进教师专业发展。那么如何加强学科文化建设呢？

（一）构筑共同愿景的学科精神文化

学科精神文化是学科组的灵魂，是在与学校文化保持方向上一致的情况下，学科组结合自身实际而凝练出来的共同发展愿景和文化理想。如地理学科组在实验中学“求真求实，思学思新”学校文化的引领下，提出“天地明理”的学科精神文化，确立“建学习型组织，创研究型团队”作为学科组训，确定“构筑一个臻思、敏行、务实、创新的学习型组织和实践共同体”作为学科组的共同发展愿景，以期真正提高学科组教师团队的教育教学能力，如学科组团队合作能力，对教育教学问题进行有效高效研究的能力，合理开发与灵活运用课程资源的能力，有效使用各种教育教学方式、方法、策略和手段提高教育教学质量的能力等。

（二）形成共同遵循的学科制度文化

学科制度文化是学科组成员共同遵循的价值观念和思维方式，从制度设计到制度执行的过程，构成了学科组成员的日常生存方式，彰显学科行为文化。其具体内容主要包括：常规活动制度、备课主讲制度、听课评课课堂观察制度、课例案例研究制度、跨年级跨学科研讨制度、课题研究制度、读书交流制度、奖励激励制度、师徒结对制度等。如备课、上课、评课制度我们要求做到“五结合”即备“课”

备“学”相结合，以实现文本和教学对象的真实有效对话；评“课”评“理”相结合，以实现学科组教师之间的理念互通、智慧共享；“一课多案”与“一案多课”相结合，以实现梯队教师模仿再现、修改、内化、创新等多维重建；“一本通”与“活动菜单”相结合，以实现学科教研活动常态化、日常化、精细化、自助式主动研究等；“面对面教研”与“教、学、研、思一体化信息平台网络实时互动教研”相结合，以实现教学研究的实时无缝链接。

（三）构建独特的学科教学文化

学科教学文化是一种充分体现学科特色的教育教学课堂的文化，它是师生教学实践赖以展开的前提、背景和氛围，它是一种活动的文化、关系的文化、显性与隐性交融的文化，是一种持久成形的教学传统、思维方式、价值观念和行为习惯的类型或范式，是学科教育教学背景下师生的课堂生活方式。如地理学科组在深入研究地理学学科思想、学科方法和学科特性的基础上，提出“学科教学整合化”，在课堂教学中牢牢树立整合的观念，用系统、整合、复杂的眼光考查与分析课堂教学的行为以及行为中的诸要素，使教学的各环节与各方面形成一个有机联系的整体；“图式—探究—合作教学”，地理学的知识容纳于各种地图中，思维导图可以直观表达学生的思维，注重对学生的“图式教学”，用“图”去引导学生发现天文、地理之美；用“图”去感受地间万物之变迁；用“图”去建构学生的地理思维。

（四）建构显性的学科物质文化

物质文化在学科文化中的地位举足轻重，是学科文化要素的物质表现方式，学生在学科物质环境中会从思想观念、心理素质、行为方式、价值取向诸方面都受到熏陶、感染，形成心灵的感应，精神的升华，观念的更新，从而塑造良好性格。如地理学科组在学科物质文化建设中，精心布局具有地理学科特色的学科文化墙、可视可动的地理实验、天文研究室、地理园等，从而实现地理学科知识、学科思想、学科方法的显性体现，创造有利于教师专业发展，有利于提高学生学习兴趣、激发学习热情的物质环境。

通过加强学科文化建设，可以使学科组成员形成教育教学的共同愿景，形成共同遵循的学科行为，形成独具特色的学科教学和彰显学科特色的物质表达。从而使学科组形成主动探究、自我更新的团队，带着智慧参与创生信息的团队，有效提高对教育变革整体的意识和洞察力的团队，不断更新教研方式，成就专业人生的研究型团队，真正实现教师专业可持续发展。

第二节

加强师德修养，用爱培育理想

有优质的教师，才可能有优质的教育。做好教师，要有理想信念。陶行知先生曾经说过，教师是“千教万教，教人求真”，学生是“千学万学，学做真人”。教师肩负着培养下一代的重要责任，正确的理想信念是教书育人，播种未来的指路明灯。好的教师应该以这一要求为理想信念的基准，以品德高尚为道德标准，用师德渐染教育，用爱心培育理想。

教师是人类文化、科学知识的传播者，是人类开发理性、奔向光明的引路人。教师职业是一项神圣而崇高的事业，被寄予了很高的期望和无限的崇敬。在我国，尊师敬长是中华民族的美德，所谓“学博称师，德高为范”，是对教师的要求和赞扬。古人说：“才者，德之资也；德者，才子帅也。”知识和才能是道德的资本，有了道德，才称得上在真正意义上有了“才气”。教师有了良好的职业道德，可以说是对教师称号的一个升华。

党的十八大以来，国家高度重视思想政治工作，全面加强党对教育工作的领导，坚持立德树人、学习落实科学发展观。这要求教师树立正确的世界观、人生观、价值观。把学生培养成为德智体美劳全面发展的社会主义事业建设者和接班人，教师不仅要有扎实的专业知识和丰富教育教学理论知识、灵活的教育教学方法，而且更要用自己高尚的师德修养、正直的为人身体力行感召学生，潜移默化影响学生。只有这样，学生才能“亲其师，信其道”，才能完成教育事业的神圣使命，才能真正实现教师的人生价值。

既然师德对学生的影响是潜移默化的，那说明教师职业道德对学生的影响并非一蹴而就。教师的职业道德涉及教育的整个过程。教师的任务就是在教学过程中，凭着自身的个性、知识、才能、情感、人格和意志，把学生培养成德智体美劳全面发展的社会主义事业的建设者和接班人。教师的劳动就是教育人、塑造人。在这种教与学的主客体关系中，教师良好的职业道德是建立和谐的主客体关系的基础，是完成“传道、授业、解惑”的保证。教师是学生的楷模，学习的榜样，教师要以身立教，为人师表。教育就是以心灵塑造心灵，以人格造就人格的神圣事业。孔子云：“其身正，毋令则行，其身不正，虽令毋从。”教师的工作对象是未成年人，教师能够影响学生的一生。作为教师，榜样的力量是无穷的，其身教必然重于言教。要在自己的职业道德方面追求卓越，追求高标准，这是构建我们未来民族道德素质的基础。

教师不能只做传授书本知识的教书匠，而要自觉用习近平新时代中国特色社会主义思想铸魂育人，成为塑造学生品格、品行、品位的“大先生”，真正给学生心灵埋下真善美的种子，引导学生扣好人生第一粒扣子。教师在教育过程中之所以强调师德建设，是因为师德是教师人格特征的直接体现。在教育中，一切师德要求都基于教师的人格，因为师德的魅力主要从人格特征中显示出来，哪怕身边的所谓“小事”，往往成为一个人塑造人格的关键。历代的教育家提出的“为人师表”“以身作则”“躬行实践”等，既是师德的规范，又是教师良好人格的品格特征的体现。师德就是榜样，当今实践师德是第一要务。

一、提升师德修养的途径

师德是指教师在从事教育教学工作中逐步形成的道德观念、道德情操、道德行为和道德意志，是教师从事教育工作时所遵循的行为规范和必备的品质，它体现着社会和人民对教师的希望和要求。教师师德高尚，学生才能“亲其师，信其道”，传道授业才能收到事半功倍的效果。那么，教师师德可通过哪些途径来提高呢？实际上，不外乎“知”与“行”两步，两者相辅相成，缺一不可。

（一）要“勤知”

努力学习教师道德理论，树立人民教师道德的理论人格。人民教师道德理论是教师进行职业道德修养的指导思想。只有掌握了它，才能辨别善恶、是非，战胜那些错误的，落后的道德观念。学习主要包括个人自学和有组织的教师道德学习两种方式，内容主要有学理论和学楷模之别。个人自学不受时间地点限制，有一定的自我支配的灵活性、机动性，针对性强，但由于受教师个人理论水平、理想觉悟和自我控制能力的影响，有时达不到预期的目的。教育部门，包括学校组织的教师道德学习，是一种有组织、有计划的教师道德教育，它克服了自学中的不利因素，可以解决一些共性的问题。树立教师道德的理想人格，就是要确立人民教师道德的理想。认真向革命前辈、英雄模范和优秀教师学习，对照自己的理论认知，汲取他人之长补己之短。只有在道德修养中时刻以教师道德的先进典型作为自己思想行为的楷模，鼓励自己，在思想意识中凝聚着教师道德原则和规范，常以崇高的道德品质作为自己的行为目标，成为一个有较高教师道德修养的人民教师。

（二）要“善行”

教师需要多参加社会实践，做到知行统一。参加社会实践，在实践中进行教师道德修养，反思理论的指导作用，是教师修养的根本办法。在教师道德修养的过程中，从道德认识、道德情感、道德意志、道德信念到教师的道德行为和习惯，自始至终都是在社会实践和教育教学中完成的。教师只有在处理师生之间、教师之间、教师与家长及教师与社会其他成员之间的关系中，逐渐完善自己良好的教师道德品质。如果只是“闭门思过”“坐而论道”，脱离实践去学理论，去修养，那么提高师德修养就要成为一句空话。

二、提升师德修养的具体策略

“实践是检验真理的唯一标准”，无论理论知识掌握得多么丰富出色，如果经不起实践的检验，其理论的说服力都是苍白无力的；或者说，在实践过程中，不注重对理论知识的反思与感悟，势必会多走弯路。因此，参加社会实践，投身教育教学工作中，坚持理论与实践相结合的原则，是教师道德修养的根本途径，只有这样才能有效地提高师德修养。进行教师道德修养，还必须掌握一定的方法。那么，具体有哪些方法可以帮助我们提高师德修养呢？

（一）努力学习科学的理论知识

这里包括思想道德理论和科学文化知识。为了使自身修养有一个明确的方向，我们需要不断地学习并使用科学的理论武装自己的头脑，让自己时刻保持清醒。作为一名人民教师，最起码要非常明确哪些应该多做或做好，哪些应该少做或不做。而这些，在各种法律法规中有明确的规定，只要我们时刻在规定范围内做得更好，那就充分体现出自己的师德修养在不断提高的过程中。

（二）学习先进教师的优秀道德品质

因为先进教师是存在于社会之中，生活在教师队伍里的活生生的人，它能够以直观形式启发教育和感染教师，进而影响教师的思想和行为，监督和促使他们以先进人物为榜样，取长补短，提高道德修养水平。学习先进教师的优秀品质，要多读教育界名人的传记和模范教师的先进事迹，多接触他们，以便受到感染和鼓舞，使自己的行为趋于道德原则和规范的要求；要学习身边的模范教师，他们生活在自己身边，看得见、摸得着，影响更直接、更深刻、更快捷。

（三）正确开展批评和自我批评

正确开展批评和自我批评，严于解剖自己，是促进个人进步的内在动力和外在推动力，是教师道德修养的根本方法，由于教师工作的艰辛、繁重、复杂，教师在道德修养上会出现反复或曲折，也会因种种原因产生这样那样的缺点或错误，都是在所难免的。对于这个问题，关键是如何对待自己在道德实践中出现的违背教师道德的言论和行为。正确解决方法是深刻地开展批评和自我批评，纠正不足，克服缺点，完善自我。

教师道德修养是教师职业道德要求的一项根本内容，教师应该通过上述途径和方法，积极地进行道德修养，在外界客观因素的影响下，更主要地通过自身不懈地努力，日积月累，经过长期的锻炼，就能够使师德修养不断提高，成为具有良好教师道德修养的教师。

三、爱是师德修养的灵魂

做一名好的教师，同时也要有一颗仁爱之心。教育是一门仁而爱人的事业，爱是教育的灵魂，没有爱就没有教育。好的教师应该是仁师，没有爱心的人不可能成为好教师。高尔基曾说过："谁爱孩子，孩子就爱谁。只有爱孩子的人，才可以教育孩子。"教育风格可以各显身手，但爱是永恒的主题。爱心是学生打开知识之门，启迪心智的开始，爱心能够滋润开学生美丽的心灵之花。教师的爱，既包括爱岗位、爱学生，也包括爱一切美好的事物。爱是师德修养的灵魂主要有以下方面：

（一）爱是师德修养的理想境界，是教书育人的前提和起点

生活上关爱学生。教师应以一颗体贴入微的母亲般的爱心，对学生的一言一行，一举一动保持敏感性。当学生处于困境时，教师应及时予以伸出援助之手，一句热情中肯的评语、一次诚心的交谈、一个会心的微笑往往能够起到意想不到的效果。

学习上关爱学生。教学业绩突出的教师都是善于引导学生学习的“人师”，而不是偏重传授知识的“经师”。“亲其师，信其道”。教学过程不仅是传授知识的过程，还是师生之间思想、情感、兴趣、爱好等心理活动双向交流的过程，优秀的教师应该成为学生学习道路上的导师和楷模，并善于用自己的言行，点燃学生智慧的火花。

在心理上关爱学生。关注学生学习情况更要关注学生的心理健康。受社会大环境的影响，现代的学生精神上面对着许多诱惑，心理上也处于一种动荡不定、伸缩性较大的过渡时期。这期间教师的积极影响和正确引导显得尤为重要。每个学生渴望得到教师的关爱，在受到教师的关怀时，就会感到情绪上的满足，这是学生生活与成长中非常重要的精神力量。这种教师对学生心理上的关爱是最高境界的爱，是至爱。

敢于严格要求学生。善于耐心引导学生，也是对学生一种关爱的体现。教师无小节，处处皆育人。关爱学生，给学生以博大的人文关怀，不偏激、不歧视、不情绪化，教师才能言行一致，表里如一，情真意切，做学生的良师益友，以对学生未来负责的高度，指导好学生的现在，设计好学生的未来。

（二）热爱教师职业，是师德修养的核心

传道者明道、信道是前提和基础。对于教师来说，热爱自己的职业，信仰自己的教育事业，是做好教育工作的最大的前提。那么，如何热爱自己的教育职业呢？

1. 热爱自己的职业，必须强化职业情感

只有热爱一种职业，才能做好这种职业。南开大学年申泮文院士有句名言："如果在科学家和教育家这两个身份中选择，我宁愿做一名教育家。"而他也正以实际行动证明了自己对教育职业的热爱：执教六十余年，风雨无阻，准时准点活跃在讲台上，连青年教师都自愧不如。他的本科课改项目荣获国家级教学奖，所教导的本科生在科学研究方面也很出色。这也说明了：教学与学术并不矛盾，教学不仅不会使科研工作荒废，反而能在学术上促进新的开发。"得天下英才而育之"是人生一大乐趣。教师要不断强化职业情感，像那些教育前辈那样热爱教育事业、教师职业，那会使自己感觉到教书育人不仅是一种工作，更是一种生存方式，一种人生的享受，在感悟和体验教书育人的快乐和高尚的同时，释放自我，实现自我。

2. 热爱自己的职业，要加强自身人格的修养

人们常说："先学会做人，然后再去做事。"教育学生学会做人，教师就应该塑造好自己健全完满的人格。高尚的人格是一种巨大的教育资源，"其身正，不令而行，其身不正，虽令不从。"高尚的人格寓于日常生活的一举一动之中，它会使教师拥有人格魅力，形成心灵磁场。教师的这种人格魅力在很大程度上决定了教学工作的魅力。在教学工作中，无论是感染学生，还是引导学生，首先要让学生信服自己，这种信服力正是通过教师的人格魅力来实现的。它使教师在教学中春风化雨，润物无声。

3. 热爱自己的职业，要丰富自己的学识和才能

新世纪的教师，应该是学习型的教师。"数简隐书忘世味，开卷有益为人师。"因此，在知识爆炸的时代，教师应常读书学习，掌握国内外最新科技发展动态，努力拓宽自己的知识视野，更新知识结构，充分吸纳新领域内的新思想，新文化，新科技，充实业务及科研水平。从而筛滤旧有，活化新知，积淀学养。教师是学生智

力生活的一盏指路灯，师学勤，师知广，师业精，会成为学生走向社会在事业上效仿的榜样。有人说："读书是我心灵的振翅，读书是我精神的呼吸。"读书还使人谋求到自我心灵的充实和精神的生长，可以使教师健康丰富的心灵与学生生动活泼的心灵进行高质量的交流。教师的手不释卷，会使学生在校园里享受到美丽的书香人生。因此，教师要乐于和善于通过读书学习不断丰富学识、拓展才能；要乐于和善于通过实践不断锤炼教育艺术，达到"寓乐于教"。

4. 热爱自己的职业，要保持健康的心理状态

现代社会，为广大教师和学校的发展、建设创造了更多的机会，为广大教师施展才华提供了更加广阔的天地。同时，一些不良的生活方式、价值观念使一部分教师对教书育人的职业产生了疑惑，对无私奉献的理想信念发生了动摇，开始崇尚自我，追求物质享受。这就要求教师要耐得住考验，立足岗位，慎独而甘于奉献，进取而勤于钻研，耐得住寂寞，经得起诱惑，不患得患失，不骄不躁。教师面对的教育对象是青少年学生，他们精力旺盛，求知欲强，可塑性大，积极上进，同时也存在较多的心理问题。针对他们的特点，教师必须善于调试自己的心理，保持较强的心理承受力，具备良好的身心素质，才能培育出优秀的人才。

（三）教师之间相互爱护，是教师做好工作的条件

教师人际关系的和谐，能形成团结协作的良好氛围。人际关系的恶化，往往会导致心理障碍，使人陷入乏味的名利纠纷。教师首先要正确认识自己，了解自己的个性、兴趣、优缺点，同时善待他人，不过分看重名利得失。用健康的心态，积极的人生态度与他人相处，形成竞争有序，团结协作的良好工作氛围。每个教师都有自己的经验世界，不同的教师对某种问题会形成不同的假设和推论。新老教师之间通过合作交流、辩论沟通，能从不同的侧面和解决途径开阔思路，对知识产生新的理解、创新。

这样，教师才能富有协作意识和团队精神，在追求整体育人效果最优的前提下，充分展示自身的教书本领和育人的技巧；教师与同仁之间才能肝胆相照，荣辱与共，取长补短，互相促进，真正做到资源共享、年龄互补、心理互容、联动共创教育的春天。教师是一种特殊的职业，需要义无反顾的热爱精神。只有心中有爱，有阳光，拥有高尚的师德修养，热爱教师职业，才能乐此不疲，躬耕不辍，奉献不已；才能以忘我的职业操守和浓烈的职业情感，求真求善求美，增辉“太阳底下最光辉的职业。”

（四）为师者的艺术应该是强化和淡化的辩证统一

强化德育意识，淡化教育痕迹，化大爱于无形，润人细无声。一个真正师德高尚的教师应该常怀责任之心、常怀进取之心、常怀反思之心、常怀创新之心、常怀宁静之心。“守住灵魂深处的宁静，才能甘于平凡而不平凡”。着力在坚定理想信念、厚植爱国主义情怀，加强品德修养、增长知识见识、培养奋斗精神和增强综合素质上下功夫。成为乐教、适教、善教的好教师。立德树人是学校教育的核心任务，育人的主阵地是课堂，实施者是教师。教师通过课堂教学，在传业授道解惑的同时，以自身的道德行为和人格魅力，引导学生思考并寻找生命的意义，塑造完美的人格，实现自己的人生价值追求。

地理学科作为学校教学的重点学科，有其独特的育人价值，如爱国主义精神、家国情怀、人地协调观、中华传统文化、地理实践力等。地理学科育人价值体现在，通过地理学习有助于学生感受不同区域的自然地理、人文地理特征，从地理的视角认识和欣赏我们所生存的这个世界，从而提升生活品位和精神体验层次，增进学生对地理环境的理解力和适应能力；有助于学生形成正确的情感态度与价值观和良好的行为习惯，培养学生应对人口、资源、环境与发展问题的初步能力。

不同的地理知识蕴含的育人价值有所不同，因此在进行地理教学前，教师不仅要对课标、教材中的知识技能进行深入分析，更要对教学内容的育人价值进行梳理。教师可从以下方面着手：一是学习的内容是否对学生生活有用，学习过程是否能引导学生发现地理问题，理解其形成的地理背景，掌握学习和研究这一类地理知识的一般方法；学习结果是否能提升学生的生活品位，增强学生的生存能力。二是学习的知识、技能是否对学生终身发展有用；学习过程是否能引导学生从地理视角出发思考问题，关注自然与社会；学习的结果是否能帮助学生初步形成人地协调与可持续发展的观念。

教育是一种从知识到灵魂的全方面塑造的过程，它不似伐木般大刀阔斧，更像是春雨般滋育无声；它不只是表面上的教导和传授，更是学习生活中的渐染。新时代加强教师队伍建设，就是要按照习近平总书记在学校思想政治理论课教师座谈会上提出的政治要强、情怀要深、思维要新、视野要广、自律要严、人格要正的“六要”新要求，切实增强师德自律意识、不断提升教学能力，淘汰“水课”，打造“金课”，以人格魅力和知识魅力教育感染学生。只有教师拥有优秀的个人魅力和道德品格，才能在教学的过程中为学生树立榜样形象，才能用自己的对学生、对教育事业、对生活的爱灌溉学生的理想，陪伴学生健康成长。

第三节

构建教、学、研一体的学科教研模式

新课程强调，教学是教与学的交往、互动，师生双方相互交流、相互沟通、相互启发、相互补充，在这个过程中教师与学生分享彼此的思考、经验和知识，交流彼此的情感、体验与观念，丰富教学内容，求得新的发现，从而达成共识、共享、共进，实现教学相长和共同发展。交往昭示着教学不是教师教和学生学的机械相加，而是师生互教互学，彼此将形成一个真正的“学习共同体”。对教学而言，交往意味着人人参与、平等对话、合作性意义建构，它不仅是一种认识活动过程，更是一种人与人之间平等的精神交流。

教师应努力做到学教相融，充分发挥活动载体功能。教与学是一种互动，但很多地理教学课堂中，教与学相脱离：教师沉迷于自己教的节奏与体验，学生游离于课堂教学之外，教与学缺乏互动。在这种情况下，尽管教师花费了许多时间和精力在教学上，但学生基本上处于一种懵懂状态，没有跟上教师的教学节奏，导致教学效率较低。面对这种情况，教师构建教、学、研一体的学科教研模式，使学生充分融入教学过程的同时，教师对学科教学有更深的领悟。

著名心理学家加德纳的多元智能理论提出了人的九种智能，加德纳认为，在这些智能的领域中，都有其发展杰出的人才。不同的个体在不同的方面也各有长短。由于教师的情感、个性、经验和思维方式等方面存在差异，因此通过备课组集体备课，可以增加教师之间信息和经验的相互交流，可以促进教师之间教法和技艺的相互探讨，从而让教师分享智慧、取长补短、增进合作、提高效率。全文位、立体式、跨区域、跨学科的教学研一体的地理学科教研模式，是学校有效促进地理学科组可持续发展而提出的新型教研模式。

教育改革和发展，教师是关键，而专业化发展则是教师的必由之路。为了有效提升教师的专业化水平，充分整合各方面优质资源，我们从实际出发，以教师的专业发展为目标，以构建高效课堂为核心，以校本研修为主阵地，以培促研，以研促教，有效推动了教师专业化发展。

一、开展参与式、互动式教研

教师要主动参与，共同研究。要求各备课组要提早一周将教研主题发给本组教师，以便于教师查找相关材料，教研会上能依据新课标要求，参考教参及相关资料，交流三维教学目标的设定、教学重难点的设定及上课最佳方案的推敲，充分发挥集体备课的优势，听课后要求教师能对上课过程中的闪光点及不足提出点评和交流观课思考，从而做到人人“有话可说”，人人都有收获。一些学校往往会把备课形式固定下来，由于每次集体备课都会事先拟好讨论内容和备课内容，并指定中心发言人，这样的出发点是好的，既能够让每个教师都心中有数，又能够使每次集体备课都具有目的性、针对性和实效性，但是这种做法也有不足之处，由于在集体备课的探讨和交流中，设定了中心发言人，由此也就可能出现其余多数教师是被动参与者或听众的现象，因为缺少“思维碰撞思维”的争辩、“智慧点燃智慧”的探究、“情感沟通情感”的交流，当然集体备课也就难以取得实效。由于把集体备课作为一种硬性规定，教师失去了备课的自由，这样的话，反而会失去集体备课的意义，反而会约束教师的特长，限制教师的个性，从而不利于教师整体水平的提高。

二、开展主题式教研

针对新课标教学过程中的某一个主题如气候、地球运动、多媒体教学课件的设计与制作、有效课堂设问等进行主题式教研活动。主题教研可有效将教学过程中的焦点问题、核心知识和规律经过全体地理教师的研讨，献计献策，从有效地提升课堂教学的实效性，实现高效教学。针对同一主体开展教研，有利于教师把“独到的见解、鲜明的观点、最具实效的做法”等呈现出来，从而实现教师之间传帮带的功能，增强教师之间的凝聚力。在有经验的教师的引领下，青年教师可以不断走出思想上的认识误区，从而可以促进理念的提升，视野的拓展，使青年教师在交流中获得专业发展。同时，有经验的教师也能为教学上有困难的教师特别是青年教师，提供教学资料，使得他们能够得到更多的学习和交流的机会。最后，也能帮助教师克服个人备课的局限性、片面性和随意性，从而提高教师教学的全面性、深刻性和科学性。

三、开展“同课异构”式教研

同备课组每位教师针对同一个课题开展互听互评的“同课异构”式教研。“同课异构”教学研讨为教师提供了一个面对面交流互动的平台，教师共同探讨教学中的重点、难点问题及处理策略，探讨教学艺术，分享彼此的经验，共享成功的喜悦。有些学校集体备课以后，同一年段，不同的教师、不同的学生，却是一样的进度、一样的内容、一样的材料、一样的作业，甚至连导入新课、承转过渡、提问内容等上课的每个环节都是一样的，就像复印机复印出来似的。由于过于注重共性和统一，当然在教学中也就失去了教师的个性和特色，久而久之，不仅不能提高教育教学水平，而且还会陷入“思维模仿和抄袭”的极端，从而完全失去教师的个性。其实教师个体的备课和集体的备课应该是雄鹰的两翅，缺一不可，教学共性与教师个性应该做到完美的统一。

应该说，在集体备课强调共性的基础上，教师应该融合教学中的共性，并把共性经过自己的归纳、提升和再创造，内化为自己的东西，并根据教师自己的特点和经验，灵活取舍和选择并进行整合与块状设计，充分体现教师的特色，使教师的个性得以张扬。

四、开展跨区域、跨学科式教研

积极组织和参与天津市和各区的教研活动并尝试与全国各新课程改革示范区进行网上互动式教研活动，通过区际联动式教研活动，使教师进一步了解区、市乃至全国的地理教育教学概况；与此同时地理学科是跨自然与人文两个领域的一门科学，因此我校创新性地开展了与政治、历史学科及理化生等学科的跨学科教研，从而有效地提升教师的综合性水平和专业水平。这一方面促进了教师尽早摆脱传统教学模式的弊端和思维定式的束缚，并促使教师主动和乐于接受新理念，成为新课程、新理念的实践者、开拓者和积极的推动者；另一方面教师也能够在教学中主动落实新理念，全面实施新课程。

合理有效的教研模式可以全方位提升教师的教学水平，在实践中实现新的突破。“三位一体”教科研协作运行机制，有利于集聚资源，提高效率。组合后的科研管理与指导多元资源作用发挥，提升了教师的科研素质，促进了教师的专业发展。

第四节

打造教师专业化成长发展平台

教师专业化是指教师在整个职业生涯中，通过专门训练和终身学习，逐步习得教育专业的知识与技能并在教育专业实践中不断提高自身的从教素质，从而成为教育专业工作者的专业成长过程。它包含双层意义：即指教师个体通过职前培养，从一名新手逐渐成长为具备专业知识、专业技能和专业态度的成熟教师及其可持续的专业发展过程，也指教师职业整体从非专业职业、准专业职业向专业性质职业进步的过程。教师专业化的培养不应该是个别的、无结构的培养，而应该是有组织的、有效的培养，这需要打造教师专业化成长发展平台，对教师的专业化程度、发展方向、培养结果进行合理有效的指导。

当今正处在学习化社会，所以教学要面向全体学生，教授学生终身学习知识的能力，增强学生自主学习的能力，让学生由学会到会学。基础教育课程改革对传统教育观念提出了挑战。新的教育观念上课程是经验、教材是范例、教师是实验室、教学是对话、交流与知识建构的活动、教师即研究者、学生是知识的建构者。而教师不是一个诸如蜡烛的成品，等待消耗，而是一个经过不断“充电”，持续成长，可长久照亮他人的“长明灯”。如何能坦然面对挑战，应付自如，不仅是一位教师需要思考的问题，同时也是学校需要探索的问题。

教师的发展是一个长期被忽略的问题。传统学校，在教师中心、师道尊严背后，掩盖着的是对教师发展的漠视或遗忘。不仅传统的理解总是把学校仅仅作为学生发展的场所，甚至在许多重要的教育改革的理论和运动中，在强调学生的发展、学生的主体地位时，也没有关注到教师发展的问题。显然，这出于教育仅仅是知识传递的单向度的理解。学校应当具有教师发展的功能，应当也是教师发展的场所，从这个意义上说，具有教师发展功能的学校才是“真正的学校”，这样的学校才能使所有参与在学校教育过程中的学生都得到发展。学校在教师发展的意义上也意味着对教师的重新发现。

然而，教师发展需要从教育本身入手。教育在本质上是实践的，这表达了教育、教师专业永恒的创造性质和丰富的现实性意义。中小学教师的专业化发展必须在中小学教育实践中才能实现，不可能在一次性地准备知识的训练中完成。迄今仍在实行的以师范院校各学科院系为主的教师职前教育，主要学习的是“教什么”，而“怎么教”则需要在中小学里学习。

以学校为例，天津市实验中学尊重教师发展需求，促进教师专业化成长需要学校、学科给以平台的支持。首先，创建“行知学堂——教师发展学校”。“行知学堂”从教学、德育、心理健康、科研、信息技术等五个方面对全体教师依据新课程改革的需要进行全方位、个性化的系列培训和提升，从而为学校教师的终身发展奠定基础。

在此基础上，地理学科组创建“同伴互助组——名师带名徒创名法”。充分调动本学科组教师资源优势和积极性，组建青年教师与德高望重的老教师的“同伴互助组”，从备课、听课、评课、反思、科研等方方面面实施传、帮、带，周密地设计、分层次落实，有效地促进了青年教师的迅速成长。

同时，充分利用因特网权威电子期刊、优秀期刊、高级别的研讨会等，实现校外专家引领。专家型教师有自己对教育独特的理解和认识，能够站在理论的高度来看待教育问题，能够抓住教育问题与教育要素之间的各种联系，透过现象看到问题的本质并且敏锐地确定出问题的主要症结所在，每一个问题解决策略后面都有自己的独特的理念支撑，并能够使问题解决确实促进学生的全面发展。

最后，促进教师全面、协调、可持续发展，构建和谐校园。以师为本，打造精良的教师团队，是构建和谐校园的灵魂所在。学校一定要充分关注教师的生命质量，为教师营造一个温馨、和谐的专业成长环境，促进教师身心健康、全面发展，用科学发展观指导教师走心灵健康之路；实施“赏识管理”，激发教师内在的动力，注重教师的教育教学、科研、课程资源开发和师生关系改善，防止出现片面化和绝对化；关注教师的成长过程，帮助教师全面了解自己，明确自身的成长阶段和尚需努力的方向；关注教师的心理健康，让每个教师学会创造幸福，分享快乐，使自身潜能得到最大限度的发挥，保持生命最佳状态。

学校要坚持以教师为本，促进教师全面、协调、可持续发展，建设一支政治素质过硬、专业知识扎实、实践经验丰富、整体结构合理、具有创新精神和创新能力的学习型教研团队，唯有如此才能有效促进地理学科组的可持续发展，才能使学校在可持续发展的道路上不断前进。

学校要积极为促进教师专业化发展提供平台，加强教研组建设。教研组应成为教师学科知识探究、教法学法探究、教育规律探究的阵地。教研组要积极开展听课、评课和教学研讨活动，学校开展课堂教学大比武、优质课评选等多种载体活动，为教师施展自己的专长提供发展平台。教师个人专业成长不是一朝一夕成功的，它需要在实践中探索，在实践中总结，需要在时间中磨炼，积极反思，取长补短，更需要大家共同创造专业成长的好生态。

第六章

高中地理之课程资源开发

如何提升课堂教学的实效性，为学生的终身发展奠基，成为摆在教育工作者面前的重要课题。《普通高中课程方案》提出："为保障新课程的实施，学校应加强课程资源建设，充分挖掘并有效利用校内外各种课程资源。"赋予学校合理而充分的课程自主权，为学校创造性地实施国家课程、因地制宜地开发学校课程，为学生有效选择课程提供保障。这就充分说明课程资源的开发与利用是课程建设的重要组成部分，没有课程资源的支持和保证，新课程的目标是难以达到的。课程改革对教学提出了更高的要求，在新课改背景下，课堂已不再是传统的教授式课堂，而是以自主合作探究为主的开放式课堂。教师要对教学资源进行深度挖掘和整合。

第一节

课程资源开发的前提：提高教学效能

新教学改革是一次全方位的教育变革，教学管理形式上实行国家、地方、学校三级课程管理，教学结构包括必修课程和选修课程两部分，教材使用允许教师结合学生特点进行选择，这就从课程设置、教学内容方面为教师提供了对课程资源进行再开发的空间。课堂改革要力争取得突破性进展的关键是要“聚焦课堂”，改变教学方式和学习方式，提高课堂教学的实效性。

随着新课改的深入推进与新课程的深入实施，地理教学中不断践行与讨论“课程资源的开发利用”相关问题，对于课堂教学的有效开展，教师教学水平的提高，和学生素质的全面发展等具有重要意义。课程资源的开发不是脱离教学过程或在教学过程之外的活动，而是与教学过程紧密相连甚至是教学过程的内在组成部分。教材的使用是课堂教学重要的环节，但由于教材要兼顾不同的学生群体，因此不一定完全符合各地区、各学校学生的具体情况。因此，在新课程实施的“二次开发”过程中，任课教师不应当成为课程实施的忠实执行者——教教材，还要具有对课程进行合理运用的意识和能力——用教材。结合课程改革的要求，必修教材进行二次开发，通过对必修教材的内容进行增、调、删、改和地方校本教材的自主编写和开发，从而初步形成了校际学科课程资源开发的系列教材。

时代是不断发展的，课程也不能一成不变。在课程的发展中，需要不断开发新的、有效的课程资源帮助学生高效学习。潜在的课程资源是指非物化的课程资源，主要是学生的生活经验以及所了解的各种信息，以及教师制定的既能实现有效学习又符合学生兴趣爱好的教学活动方式和教学手段。通过将这些课程资源进入课堂，教师实现对教学深入和广度的扩展，不断提升教学的实效性教师们结合多年来课堂教学中积累的经验，对教材内容进行了增、调、删、改。从教学导入、构建新知、教学迁移环节出发，对课堂教学过程中的潜在的课程资源进行深入挖掘，提高课堂教学实效性。

一、明确教学目标，实现对课堂教学的“先行组织”

教学活动以教学目标为导向，且始终围绕实现教学目标而进行。教学目标分为显性教学目标和隐性教学目标两种，两种教学目标相辅相成、互相影响，在对学生的教育中都起着十分重要的作用。教师需要根据显性目标和隐性目标，为学生设计合理的学习计划，帮助学生个性化、全面化、综合化发展。因此，明确教学目标对实施教学有着极为重要的意义。

明确的教学目标是教学实践的前提，更是导入教学的前提。

奥苏伯尔在教学心理学研究中提出了“先行组织者”的概念。这是一个先行学习任务呈现的一种引导性材料，是新旧知识发生联系的桥梁。通过先行组织者，为学习新知做好准备。创设情境，可以理解为导入新课。常言道：施教之功，贵在引导。课堂教学导入要以最少的时间和最快的速度拉近学生与教师、学生与教材的心理距离，使学生尽快进入学习状态，因此导入时间一般应控制在 5 分钟之内。同时，要根据教学目标、教学内容，创设能让学生引起兴趣、与学生原有的认知相吻合的情境，并为本节课的研究课题服务。导入要目标明确，激发学生兴趣。

“良好的开始，是成功的一半。”在课堂教学过程中，教学导入环节应当引起教师的足够重视，在导入环节中能否迅速帮助学生明确学习目标、激发学生的学习兴趣，对课堂教学的开展起着关键的作用。

第一，激发学生的学习兴趣。地理教师在导入中要针对学生的年龄特点和心理特征，精心设计生动的导入语言，充分联系学生的生活实际，或展示图片、演示实验，就会使学生感到学习地理既有意义又有趣味，从而产生积极的学习动力。

第二，启发学生积极的思维活动是课堂教学成功的关键。如果导入设计引入启发性的问题，采用形象化的语言叙述，创设富有联想的教学情境，就能燃起学生的思维火花，激活学生的思维活动，增长学生的智慧。所以，导入对培养学生思维能力具有重要作用。

第三，增强学习注意力，明确学习任务，学生对一节课的学习目标和学习要求有了明确的认识，学习过程就能主动和有序。上课伊始，教师在导入过程中将即将学习的主要内容、学习要求、学习方式预先告诉学生，使之能以最短的时间和最快的速度进入学习状态，从而增强地理学习注意力，明确学习任务。创设情境的方法：复习、提问、故事等语言描述性引入；直观画面或教具导入；联系实际或实地观测引入；课堂演示、室内实验引入。

我们在对必修教材的资源开发中明确教学目标，加强课堂教学的“先行组织”，尝试运用情境激趣式、概况简介式、以旧辅新式等多种方式导入课堂教学，力求提高课堂教学的实效性。

二、多元化学习方式，在探究实践过程中构建新知

《基础教育课程改革纲要（试行）》指出：要培养学生搜集材料和处理信息的能力，获取信息的能力，分析和解决问题的能力以及交流合作的能力。积极倡导自

主、合作、探究的学习方式，力求使学生“学会学习”。而学生学习方式的转变是以改变教师的教学方式为前提的。我国传统的教学模式基本上是教师单向灌输，学生在课堂教学中缺乏参加实践活动和发表个人见解的机会。而如今，随着时代的发展，教学模式也在发生变化和进步。改革后的教育模式以学生为主题，倡导学生由被动学习转化为主动学习，要求教师以多元化的方式引导学生，最终实现教师与学生共同完成学习目标，实现能力的培养。

自主是培养能力的第一步，应始终引导学生自己去思考，去领悟。为了让学生更好地体验地理、融入地理、感悟地理，在课堂上要注意发挥每一个学生的主观能动性，突显学生的主体地位。建立学习小组，让各个学习小组明确合理分工、合作探究，各自完成相关任务，从不同的信息源中寻找相关信息，充分发挥每个组员的作用。让学生根据目标或在教师的指导下，在和学生们的相互作用下，利用已有的知识，经历体验、感知、探索、比较、分析、综合、抽象、概况等动手操作活动和思维操作活动，启发和诱导学生自主学习、探索思考，帮助学生吸收和内化新知识。这种学习方式可以最大限度地发挥学习者的主观能动性和学习积极性，也具有良好的学习效果。自主学习过程的基本程序是：设置情境—激发动机—组织教学—应用新知—检测评价—巩固练习—拓展与迁移。其基本要求是：学生要明确自己的学习目标；学习的动机是自我驱动的；学习的内容是自我选择的；学习的策略是自我调节的；学习的时间是自我计划的。此外，学生也能够主动地营造有利的学习条件，能够对学习结果作出较为正确的自我判断和评价。

课堂教学，不再是简单的教师讲，学生听；教师问，学生答；教师出题，学生考，一考定高低。多元化的教学方法、多元化的评价体系，在实践中不断得到创新和发展。教学理念的转变、教学设施的完善、互联网的使用、资源的共享、评价体系的改变，终将使课堂教学产生革命性的改变。在对必修教材的资源开发过程中，根据不学生科的特点，以“合作探究”“难点集萃”“思维导图”等形式开展丰富的课堂教学活动，力求让学生在自主探究的过程中建构新知。

例如根据“地图是地理的第二语言”这一特点，设计出形象化的“思维导图”，教师将地图与知识要点相结合用丰富的色彩绘制出形象的课堂教学知识框架图，由学生根据课前预习的情况进行填充。这种将逻辑思维形象化的探究设计形式既符合学生由形象到抽象的思维认知规律，同时兼有知识探究、反馈检测、归纳概括的效用，可谓一举多得。

自主学习、合作探究、导图概括、思维锻炼等这些多元化的学习方式从兴趣激发、互动协作、知识关联等方面引导学生进入探究—实践的教学活动中来，通过师生的共同协作达到构建新知的目的。

三、注重课堂反馈，通过归纳总结突显课堂教学重点

课堂是教学活动的主战场，教师在课堂上要随时注意观察学生的表情、眼神和动作，通过及时提问、讨论、课堂练习等方式来获取反馈信息，同时对学生在课堂中的学习情况做出及时的回馈。例如，在学习了“气压带和风带”的内容后，教师可以让学生画出地球气压带和风带的俯视图和侧视图，然后针对学生在画图中反映出来的问题（这些问题可能是学生知识、技能或思维方面的问题，也可能是教师讲课中忽略掉的）进行及时的补充、纠错与评价。这样，师生双方都可以及时从对方获取反馈信息对自己教或学的行为做出调整。课堂教学知识的反馈、总结是知识巩固不可缺少的环节，它可以加强学生对课堂教学中难点的认识，将所学知识系统化、规律化，从而达到提高课堂教学实效性的目的。

总结是知识的浓缩和补充。其目的是帮助学生理解知识的脉络，抓住主线，帮助学生加深印象，巩固所学的知识。总结方法常用的有：纲要信号法、直观教

学法、谈话法、知识结构法等。例如“南亚八国家，海上斯与马，内陆锡尼不，临海孟印巴”。其中，将斯里兰卡与马尔代夫两个岛国位置用“海”字代表，内陆国三个是锡金、尼泊尔、不丹，用三国家的名称第一个字代表；临海国家三个同理，指孟加拉国、印度、巴基斯坦，这样将复杂的知识编成顺口溜，浓缩成20个字，使学生读起来朗朗上口，津津有味，记忆起来又毫不费力。总之，总结具有归纳要点、提纲挈领的作用，精心设计的总结，能使学生对所学的知识回味无穷，终身受益。

在对必修教材的二次开发过程中，对课堂反馈、知识归纳给予了足够的重视，并且围绕新课程提出的全新的教学理念进行了教学形式上的改革。新课程要求教师是学生学习的促进者和引导者，教师不应把知识传授作为自己的主要任务和目的，而应努力使自己成为学生学习的激发者、辅导者，教师应当以平等的姿态开展课堂教学活动，与学生是“平等中的首席”的关系。在对课堂教学反馈总结环节的资源开发中也充分体现出教师对学生学习的辅助作用、激发作用。

例如在每节课的设计中都设置“导图反馈”环节，由学生通过课堂学习绘制出自己心目中形象化的思维理解过程，学生之间的“反馈导图”往往存在差异，在此基础上进行小组交流，达到深入理解课堂教学重点的目的。同时，体现不同思维方式的反馈导图并不存在绝对的对错之分，目的在于激发学生的学习兴趣，帮助学生梳理课堂教学知识。这种建立在师生研讨基础上的归纳方式，将教学的共性与个性相结合，引导学生通过实践活动加强对新知的理解能力。

教学过程中抓住课堂反馈和归纳总结，实现对课堂的调控和课程内容、结构的总体把关，突显课堂教学重点，实现“因材施教”和“整体引导”的有机结合，帮助学生在合适的学习进度下学习、成长。

四、注重知识迁移，实现课堂教学的可持续发展价值

课堂教学是学校教育的主阵地，但并不是获取知识唯一的途径，学生在课堂上学到的知识最终要运用到社会生活中去，才能实现教学的价值。正如课程改革所强调的，要使学生“学会学习”，要课内走向课外，从“课本知识”向“生活知识”拓展，使教学真正走入学生的生活世界。这也正符合新课程标准“学习对生活有用的地理”这一理念。加强与社会各界的沟通与联系，寻求多种支持，是合理开发利用校外地理课程资源的重要途径。许多家长都有海外旅游经历，取得家长的支持，把他们请进课堂，讲述或展示他们的所见所闻，这些比教师依据地图和课本更具有说服力。

应用是学习的目的，是靠实践来完成的，学校教育必须注重实践能力的培养。教师应当把课本理论与生产实际相结合，组织学生走进大自然，参与社会实践，开展参观、调查、考查、旅行等活动，使学生亲身体验地理知识在实践中的用处，从而在“学”中“用”，在“用”中“学”。学校教师在课程资源开发过程中始终坚持将课堂教学与社会现实相结合，引导学生通过探究—实践的方式进行课堂知识的迁移和拓展。

如在教材资源开发过程中设置“探究接力”环节，要求学生通过对生活中地理现象的观察、探究，以活动的形式进行课堂教学的拓展。如在必修一第三章《地理环境的整体性和区域差异》一课的教学中设置了探究实践活动“天津蓟州区的盘山风景区景色秀丽、宁静和谐，它的形成就是多种自然地理要素综合作用的结果，试以此为例，根据学生的了解和有针对性地分析该地是如何体现地理环境的整体性和地域分异的，绘制一个自然地理要素之间的影响链图。”

学习的真正目的是“学以致用”，空有知识而无法正确使用只会变成纸上谈

兵。而将知识与实际相互结合需要引入“知识迁移”的帮助，在学校教育中，教师要注重对知识迁移的引导，帮助学生对知识进行广度和深度两方面的拓展，最终实现课堂教学的可持续发展价值。

第二节

课程资源开发的核心：构建教学特色

《普通高中课程方案》指出："要适应社会多样化人才的需求，满足不同学生的发展需要。""课程内容的选择体现当代社会进步和科技发展，反映各学科的发展趋势，关注学生的经验，增强课程内容与社会生活的联系。"学生的兴趣发展方向各不相同，就需要在课堂教学中为学生提供丰富的课程资料，以满足不同层次学生的需要。而且，教材的编订和使用受到时间的限制。在社会飞速发展的今天，一些当时认为与社会生活联系紧密、具有时代特点的教学内容很快就会过时，无法激发学生的探究欲望。因此，教师围绕课堂教学目标，不断为学生提供新颖的、经典的、具有启发意义的教学资料是十分必要的，可以引导学生通过自主学习获得更多的知识，从而达到提高课堂教学实效性的目的。而这样的课程开发并不是盲目开发，随便搜集一些知识敷衍了事。课程开发的核心是构建教学特色，围绕着课程目标和教学内容，展开"一主多面"的全方位特色教学，丰富学生知识体系的同时，帮助学生学习，为学生终身学习打下良好的基础。

特色教学要围绕着教材展开，然而目前的教材时代性和满足学生个性方面，显然有所欠缺，这就需要教师针对教材进行二次开发。在对必修教材进行二次开发过程中，我们对课程资料补充给予了高度重视，结合学科教学特点，采用多种方式为学生提供了丰富的课程资料。这些资料不仅将教材中的叙述转化为形象的图片，更凝结了教师的知识经验，开阔了学生的眼界，提高了学生参与课堂教学的积极性，促进了课堂教学效率的提高。

著名地理学家、教育家乌申斯基说："把图片带进教室，就是哑巴也会说话了。"图片是生动、形象将枯燥无聊的文字转化成一张张精美而富有内涵的图片，大大提高了课堂效率。图表的选用在地理教学中起着非常重要的作用，在适当的时机选择适当的图表，能起到语言文字难以表述的作用，把抽象的内容（如地理事物在空间的分布及它们之间的内在联系）直观化、形象化。"教是为了不教"，基于不同的教学内容和教学目标，选择不同的地理教学图表、案例，组织、引导学生进行学习、研究，一改原来"教师动口、动手和动脑"，学生"听、看和不动脑"的教学方法，使教师"教"的活动完全为学生"学"的活动服务，通过"通过观察发现问题—对问题进行尝试性解释—通过自主学习、协作学习进行探索研究—获得研究成果并进行拓展"的学习过程，以激发学生的学习兴趣和热情，使学生学会学习，提升思维。

比如，学生通过观察分层设色地形图上的不同地形区，了解其色彩是典型化的地形类型，并非某个具体的地形区。除了使用已有的图表，在教学中教师也可以将复杂的原图简化，"去伪存真"，设计出形象、直观、简易的地理略图，使所要表现的地理事物鲜明醒目，明确揭示地理事物的分布规律。在板演地理略图基础上，引导学生读图、绘图，从而培养学生能力。正所谓"百闻不如一见，百见不如一干。"教材中的一些分布图，如我国矿产资源、煤炭、石油、天然气和水电站分布图等图像内容复杂，学生往往一看就知道，过目不忘。因此，在教学时，教师引导学生读懂主要矿产和能源的符号，并在中国轮廓图上绘出。教师在黑板略图上用色彩鲜艳的粉笔，将主要的地理事物表示出来，使之更加突出，引人注目，学生自然地将目光集中到图表中色彩鲜明醒目的矿产基地和能源基地上。这些地理事物的分布情况就会一目了然，印象深刻，同时，学生通过实践动手，在实践中获得了知识，提高了读图、绘图技能。

当然最重要的是，对课程资源的开发也要注重构建学科教学特色，提高课堂教学实效性。教学特色主要是指教师在教学过程中所表现出来的独特风格，是教师在长期的教学过程中，通过优化教材、优化教学内容、优化教学方法所形成的具有个性化特点的教学方式和方法。教学特色包括教师的气质、仪表、语言、教学方式和方法等方面的与众不同之处，是教师长期探索、研究、修养，水到渠成的一种自然表现，绝不是东仿西效、刻意苛求出来的矫揉造作。学生能够从富有特色的教学中感受到学习的无穷乐趣，知识的浩渺，人格的魅力，并为之神往。从整体上看教学特色是一位教师在课堂教学上或课外活动中教学设计、语言设计、结构设计、内容反馈等方面表现出来的与众不同的教学技巧和教学效果，而实际上是通过教师自己对教学内容的理解，对教学方式的设计，通过教学语言、教学方式、教学手段、活动方式及教具的合理使用等方面达到的一种必然的教学效果。

受学生欢迎的、教学效果好的教师，都有自己独特的风格。他们的教学既符合所教学科的特点和教学规律，激起学生的兴趣，又能调动学生的学习积极性。一位教师如果没有特色，就没有强劲的生命力，也就没有优势。没有最好的教师，只有最有特色的教师。一名优秀的教师必然有其特色所在、优势所在、风格所在。作为一名教师，应该积极努力地发掘自己的特色且将其发展为教育特色，并以此为教育事业作出自己应有的贡献。

苏霍姆林斯基曾说过：“一个无任何特色的教师，他教育的学生不会有任何特色。”在对课程资源进行开发的过程中，我们发现，加强学科组教研，通过集体备课、教师间研讨等形式构建学科特色教学模式对提高课堂教学实效性起着重要的作用。随着时代的发展，知识内容在不断更新，但是不同学科具有相对稳定的教学特色。这些教学特色需要集合全体教师的智慧进行开发、总结，最终通过课堂教学实践形成最优化的教学模式。目前在教材二次开发过程中形成了特色化的教学模式，并通过教学实践进行反思优化。“图式导学式”教学具有鲜明的特色，并在教学实践中得到了学生的普遍认可。

在学习了《地球的圈层结构》一课后，有的学生写下了这样的感受：“每个人手里拿着别人刚画好的思维导图，可以从别人的思维导图里学习到一份思想。这种思想，能够充实我们自己的感受，也能从别人的导图里汲取丰富的地理思维营养。画我想画，直观地表达自己的观点，激发我们的创造力，而这一切，是单靠教师讲授知识所不可能达到的效果。因为那样或多或少会束缚我们的思想，而且也不能从别人的思维导图中学习任何东西。”

教材是大同的，但教育却是不同的。在地理教学方面，教师采用特殊的“图式导学式”教学，鲜明的教学特色给予学生直观的感受，教学设计的巧思诱导学生产生学习兴趣，具有鲜明时代特征和实用特征的课程资源开发给予学生“学以致用”的可能。在不断的教学实践中，只有教师加强学科组教研、构建学科特色教学模式才能更好地指导学生，帮助学生快乐学习、全面发展。

第三节

校本课程开发的目标：提升课堂质量

时代在进步，课程需要不断发展，这一切皆是因为实际教学中对此有所需要。为提升课堂教学实效性，学校对课程的不断开发和更新，努力搭建学科特色教学模式，实现对学生的有效引导。构建学科特色教学模式不仅对课堂教学起到了促进作用，也普遍提升了教师课堂教学的水平，为开发课程资源，提高课堂教学实效性的研究提供了可持续发展的空间。

提高教师专业化水平有助于提高课堂教学实效性。“教师与新课程同行”是本次课程改革提出的重要命题。传统的学校教育是“以教师为中心”，教师作为知识的化身进行单向的知识灌输。新课程要求教师改变形象，成为学生学习的组织者、促进者、引导者和课程建设的开发者。新课程的实施对教师是一种严峻的挑战，为了应对这种挑战，教师必须进行教育观念的更新、教育能力的提高与教育行为的转变，而这种更新、提高与转变就是教师的进步和发展。新课程在促进学生全面、主动发展的过程中，教师也得到了专业的锻炼与成长，逐渐促使教师由“生存关注”阶段（关注专业活动的生存技能）走向“任务关注”阶段（更多地关注职业阶梯的升迁和更高的外在评价）和“自我更新关注”阶段（关注学科知识的教学法而非学科知识本身），乃至教师关注的升华：将关注置于教育伦理的层面，对每个学生的成长和发展负起责任，注重学生发展的全体性、全面性、主动性、差异性和持续性。在新课程的实践中，对于教师专业化的需求不断提升。

《普通高中课程方案》在普通高中的培养目标中明确说明“赋予学校合理而充分的课程自主权，为学校创造性地实施国家课程、因地制宜地开发学校课程，为学生有效选择课程提供保障”，在课程内容的设置上提出课程内容要“满足不学生生的需要”“各学科分类别、分层次设计多样的、可供不同发展潜能学生选择的课程内容”的要求。根据《普通高中地理课程标准》关于课程建设的指导思想和理念，地理教学的教材建设应该由国家统编教材、地区教材和校本教材共同组成，其中校本教材的开发建设是由各学校根据自己的教学实际组织编写。现行国家统编教材的编写既提供了指导思路，又为校本课程的建设留下了足够的空间。

加强地理学习能力和激发地理学习兴趣是高中，尤其是初中地理校本课程可以大做文章的地方和突破口。因而在完成统编教材学习内容的基础上，做好活动和选修课的设计安排是提高地理教学水平、激发学生学习兴趣、培养地理学习能力的重要途径。作为统编教材有机补充的校本课程，应该为选修课和活动课的开设提供思路和参考方案。所以把校本课程定位在拓展学生的知识视野、以能力培训为重点、激发学生学习兴趣为突破口的选修课、活动课教材的层面上，既可以避免内容上和统编教材的冲突与雷同，又可以充分发挥灵活机动的设计思路，对统编教材的内容根据各校实际情况和学生的实际学习状况予以有机补充。

开设选修活动课，必然围绕一定的知识开展活动，所以在选择内容时要考虑到知识的科学性，与现行统编教材的协调性等问题。通过选修活动课的学习使学生在某方面的科学知识上有所拓展，获得知识和地理信息的能力有所提高。地理学科在教育教学中的实际情况依然是不高，时间上还要受到其他基础科目或者其他人为因素的挤压，在高考等应试教育习惯的影响之下，一部分人对地理学科不够重视的现象依然严重。所以地理选修活动课必须要考虑到趣味性设计，让学生对学习地理知识有浓厚的兴趣，这是地理学科选修活动课生存的关键，也是校本教材开发的目的所在。

因而激发兴趣应当是校本教材编写和内容选择时必须认真考虑的关键原则。考虑到地理学科综合性的增强和社会对学生的综合能力、综合素质要求增强的实际需要，选修活动课程开设应当在综合能力的培养上多做文章，校本课程的开发建设应当在活动的设计上突破学校的界限，朝着综合性方面创新，使学生在学习探究的过程中养成综合考虑问题的习惯，引导学生运用跨学科的知识解释地理现象和解决地理问题。在问题的提出和选择上尽量考虑到新颖性，有利于激发学生的求知欲。

课堂教学是教育的主阵地，但是学生水平参差不齐，发展兴趣、资质存在差异。根据人本主义、多元智能理论，地理学科组将校本课程作为课堂教学必修课程教学的重要辅助形式进行开发。

按照人本主义学习理论，学习内容应该是学习者认为有价值、有意义的知识或经验。根据这一观点，我们一方面要尊重学生的兴趣与爱好，另一方面努力使学习内容兴趣化。来自学生身边的问题是产生学习兴趣的最直接源地。因此，结合教学内容挖掘学生感兴趣的问题是课堂教学的一个基本要求。

多元智能理论是由哈佛大学心理学家加德纳（HowardGardner）于 1983 年提出的，对美国乃至对西方许多国家的教育改革都产生了积极的影响。近年来，这一理论在我国也广泛传播，成为我国基础教育课程改革的重要指导思想。加德纳在他所著的《智能的结构》一书中提出，每个人至少有七项智能，即语言智能、数理逻辑智能、视觉空间智能、身体运动智能、音乐智能、人际关系智能、内省智能等。他认为智能是解决问题或制造产品的能力，以及在自然合理环境下的创造力。加德纳的智能多元论使我们了解到：

第一，每一个人都具备至少七项智能（自然观察智能和存在智力是加德纳后来新加入的两项智能，还有其他一些智能未发展归纳成理论，如灵性、心理感应、幽默感、直觉、创造力、嗅觉等）。具体到个人表现有所不同：有人七项全能；有人某几项或某一项突出，但其他项缺乏；大多数人居中，某几项优异，某几项稍差，某几项更次之。

第二，大多数人可以使每项智能达到很高的标准。可能有人认为自己天生不具备某项智能，但加德纳则指出，如果给予适当的鼓励、培养和指导，每个人都有能力使七项智能达到相当高的水平。

第三，各项智能通常互相影响。当人们做某件事时，通常需要几项智能相互发生作用、综合运用。

第四，聪明智慧表现在各个方面，人们在各个领域里的成功都体现聪明，没有一个统一而固定的衡量标准。能够成功解决复杂问题的人，就是高智能的人。

根据上述理论，地理学科组开发了如《走进天文学》《宝石学》《气象你我他》《旅游》《环境保护你我同行》《沧海桑田》《天津地理》等十余门具有特色的校内和校际交流的校本课程，深受学生的欢迎和喜爱。

课题的研究过程中，我们通过挖掘潜在的课程资源，整体构建学科教学特色，提高教师专业化水平、开设丰富的校本课程四个方面进行了有益的尝试。随着研究成果在课堂教学中的应用实践，我们还会随时进行修正，对课程资源进行不断的开发，从而达到提高课堂实效性的目的。这些教学方法、教学规律给学生提供了更为有效的帮助，帮助学生学会学习、学会生活，从教学中感受到学习的乐趣。教师要反复研读教材，了解学情，精心设计课堂教学主线，课堂教学思路自然就清楚、明晰，有利于提升学生的综合能力，从而提升课堂教学的实效性。

第七章

地理学科之学生培养规划

面对科技高速发展的挑战，以及日益严峻的全球性人口、粮食、资源、环境问题的困扰，需要有符合21世纪的地理教育来提高公民的素质，教师要在地理教学中让学生认识到，增强民族创新能力是关系到中华民族兴衰存亡的大事。因为一切竞争都归结为人才的竞争，但人才竞争的关键是创造力的竞争，地理教育在培育民族创新精神和培养创造性人才方面，肩负着特殊使命。吴传钧院士在谈地理教育改革问题时曾说：“地理教育是一件头等大事。它不仅关系到发展地理学的问题，更重要的是关系到提高全民族素质的问题。”新课程标准形势对地理教育提出了新的要求，要求学生既认识自然世界也认识人文世界，并且通过对两个世界的认识，进一步懂得人类活动与地理环境的密切关系，树立人地和谐发展的思想，要自觉地保护资源与环境，从而树立可持续发展的思想观念，这就是中学地理教育所要达到的目标。

第一节

基于“智慧学伴”的地理学科能力发展研究

《普通高中地理课程标准》提出通过互联网获取地理教学资源的要求，强调信息技术在地理教学、评价及地理教材开发中的应用。信息技术在中学地理教育教学中已有较为广泛的应用，从较早地利用互联网技术建设地理教育资源库以及利用多媒体技术开发教学素材。从目前研究看，信息技术在地理教育教学中的应用集中在地理课堂教学，包括地理课程资源的开发、教学技术的改进、学生地理能力的提高以及地理教育测评。但是，将地理课堂教学与测评结合在一起的研究相对不足。“互联网 + 教育”大背景下，全面促进地理教学中地理学科能力及素养的发展，需要信息技术给予更深入的支撑，以实现信息技术与教育教学深度融合，解决传统地理教学存在的限制，并促进教育测量、评价、教学一体化，为教育教学提出更有效的依据。

在地理教学中，图像是呈现地理学科知识、培养地理学科能力的重要的基本工具，因此图像的阅读及分析能力对进一步的地理分析具有直接影响。地理图像包括地图、景观图、遥感影像图、统计图表等多种形式，清晰地表征地理学科内容，并广泛应用于现实生活中。图像的分析判断能力是地理学科能力的重要组成部分，特别是地图的判读能力是分析地理空间信息的基础。目前 3D 地图的出现，更加丰富了地图的呈现方式，对于提高学生地图阅读能力有促进作用。基于信息技术的优势，智慧平台上的测试题目均是电子化呈现，丰富多样的地理图像，有助于地理学科测试题创设更真实的情境，贴近学生生活，测试学生在真实情境下的问题解决能力。

但是在传统的纸质地理测试卷中，大多是黑白印刷试卷，对于一些景观图等图像易造成信息失真，同时难以呈现地理信息相对复杂的地图或遥感影像。颜色是地图的重要视觉变量，黑色印刷地图降低了视觉变量的作用。因此，教师利用信息技术的优势，选择了智慧平台。

地理实践力是《普通高中地理课程标准》提出的地理核心素养之一。地理实践力的培养要通过地理实验、地理考查以及调查方式来实现。其中，野外考查活动是应用较多的培养途径。在真实的野外环境下，地理信息是真实的、动态发展的、立体的且复杂的，这样的环境满足中学地理教学的要求，也可以开展多种多样的考查活动。在地理调查的过程中，学生可以调动自己所学知识，与实际进行融合。每个地理核心概念下基本都会涉及地理调查的能力指标，基于此对应调查任务或试题及相应资源，完成地理学科能力框架的塑造。

“智慧学伴”中的地理微测试题及资源，为地理野外考查活动提供了更多参考，也为缺乏野外教学活动经验的教师提供了教学思路和辅助；另一方面，“智慧学伴”在展示微测题及学习资源时，可以加入视频。如将真实的野外情境拍摄为视频，让学生通过观察视频，提取并整理有效地理信息，进而解决相关地理问题。这种借助媒体技术对野外考查的方式，在一定程度上解决一些学校班级野外考查的组织困难。

为精准化促进学生地理学科能力发展，“智慧学伴”在地理学科能力表现的测量、学生学习巩固、教师教学改进等方面实现精准化，同时实现三者一体化。为实现精准化和一体化的目标，需要构建每个地理核心概念的能力指标体系。地理核心概念能力指标体系即将地理学科能力与地理核心概念进行交叉综合在每个核心概念的能力指标基础上，进行测试题目及学习资源的开发，并融入地理教学中。即“智慧学伴”中测试题目、测评报告、对应的学习资源以及基于此的教学改进均是与学科核心概念指标体系相对应的。学生课后在智慧平台上进行有关内容的微测试，可以诊断学习效果，对于课堂上没有掌握的内容及需要提高的能力，进一步通过“智慧学伴”推送的资源进行巩固学习，教师据此可调整之后的教学设计或策略。

整体上看，“智慧学伴”对于地理学科能力发展具有促进作用。在学习理解、应用实践和创新迁移能力下的二级能力中，各自的较低阶能力表现为平稳状态，而在较高阶能力上则表现为起伏较大的提升或下降。从测试数据可以看出学生在后者存在更大的理解困难和实践困难。同时也说明，同一能力层级的任务难度存在差异，有可能在高阶能力上存在难度不等的任务，这与任务情境难度水平有关。在回访教师过程中发现，地形剖面图的任务难度较高可能与本身任务难度大且实际教学中对此未给予足够重视有关。“智慧学伴”可以对各项能力均有精细化的发展追踪，可以持续记录学生学科能力发展情况。

因此，教师精准化地培养学生学科能力，在教学环节需要明确能力培养目标及相应的教学策略；对于“智慧学伴”反馈的测评数据，需要多关注学生学科能力发展的历史表现，根据数据反馈总结学生学科能力发展的规律，同时反思自己的教学。当学生能力变化较为明显时，注重总结教学的有益经验及需要进一步改进的部分，为后续教学提供参考。目前学生在实践和绘图能力方面需要得以重点提升，地理教学可以将两者结合起来，贯通培养。“智慧学伴”可以更清晰、完整地呈现地理试题或地理任务中所用地理图像、视频等资料，创设更贴近生活实际的情境，因此开发测试题目或任务可充分发挥信息技术的功能。

"智慧学伴"作为信息化与学科教育相互融合的平台，在精准化测评及辅助教学的基础上，不仅记录学生的学习过程，未来还可研究如何追踪教师的教学过程。在提供学生测评数据的基础上，也对教学实施过程本身给予反馈。通过收集教师教学的各方面数据，根据其教学目标，在教学素材教学方法、学生活动组织等方面给出意见并推送相应资源。

在教学过程中，教师要学会采用多元化的、信息化的教学手段，给学生以直观感受；还要学会利用信息化带给教学的便利，帮助学生培养传统课堂教学无法提升的能力；更需要利用"智慧学伴"这一类将信息化和学科教育相互融合的平台，精准测评、分析学生的学习情况，给予教师第一手且最及时的反馈，帮助教师采用更精准、更个性化的方式给予学生指导。

第二节

让生态文明教育贯穿地理教学始终

联合国教科文组织第41届大会面向全球发布《共同重新构想我们的未来：一种新的教育社会契约》报告，探讨和展望面向未来乃至2050年的教育。该报告指出，面临气候变化、生物多样性丧失、社会和经济加剧不平等、资源利用超越地球边界以及以数字技术为代表的颠覆性技术等重大挑战，必须革新教育，缔结一种新的教育社会契约，以应对人类共同挑战。这使得生态文明教育被提上日程。《普通高中地理课程标准》增加了培养地理学科核心素养的内容，其中首要核心素养就是人地协调观。因此，在中学地理教学中，全方位开展生态文明教育，为建设美丽中国培养更多优秀的人才是时代赋予地理学科的历史使命与责任担当。

一、树立生态伦理观

生态伦理观是指保护环境的道德行为准则，是生态文明建设的前提。为了人类的发展与进步保护自然资源，实现生态平衡。人类活动一直围绕着如何向自然索取更多的资源和能源以生产出更多的物质财富、追求更高水准的生活这一主题。工业文明创造出大量的物质财富，也消耗了大量的自然资源和能源，并产生了土壤沙化、生物多样性面临威胁、森林锐减、草场退化、大气污染等严重的生态后果。因此，维护和促进生态系统的完整和稳定是人类应尽的义务，也是生态价值与生态伦理的核心内涵。从宏观层面来看，与人类未来的生存问题关系最为密切的是生态伦理。

生态伦理即人类处理自身及其周围的动物、环境和大自然等生态环境的关系的一系列道德规范。人类的自然生态活动反映出人与自然的关系，其中又蕴藏着人与人的关系，表达出特定的伦理价值理念与价值关系。人类作为自然界系统中的一个子系统，与自然生态系统进行物质、能量和信息交换，自然生态构成了人类自身存在的客观条件。因此，人类对自然生态系统给予道德关怀，从根本上说也是对人类自身的道德关怀。人类自然生态活动中一切涉及伦理性的方面构成了生态伦理的现实内容，包括合理指导自然生态活动、保护生态平衡与生物多样性、保护与合理使用自然资源、对影响自然生态与生态平衡的重大活动进行科学决策以及人们保护自然生态与物种多样性的道德品质与道德责任等。

在教学中，教师要引导学生树立生态伦理观，尊重、善待自然，顺应自然的生活；关心自己并关心人类；对子孙后代负责任，节约使用地球有限资源，采取慎行原则；应践行极简生活，爱护环境。

二、强调维护生态平衡

生态平衡是指在一定时间内生态系统中的生物和环境之间、生物各个种群之间，通过能量流动、物质循环和信息传递，使它们相互之间达到高度适应、协调和统一的状态。也就是说当生态系统处于平衡状态时，系统内各组成成分之间保持一定的比例关系，能量、物质的输入与输出在较长时间内趋于相等，结构和功能处于相对稳定状态，在受到外来干扰时，能通过自我调节恢复到初始的稳定状态。在生态系统内部，生产者、消费者、分解者和非生物环境之间，在一定时间内保持能量与物质输入、输出的相对稳定状态。

地球是完整的生态系统，是各种自然要素相互依存并往复循环的自然链条，是生命的共同体。而人类则是其中的一员，是依赖于自然环境的。生态系统一旦失去平衡，会发生非常严重的连锁性后果。例如，20 世纪 50 年代，麻雀被大量捕杀，之后的几年里，却出现了严重的虫灾，使农业生产受到巨大的损失。后来科学家们发现，麻雀是吃害虫的好手。消灭了麻雀，害虫没有了天敌，就大肆繁殖起来，导致了虫灾发生、农田绝收的惨痛后果。生态系统的平衡往往是大自然经过了很长时间才建立起来的动态平衡。一旦受到破坏，有些平衡就无法重建了，带来的恶果可能是无法弥补的。因此人类要尊重生态平衡，绝不要轻易去干预大自然，引起这个平衡被打破。

生态系统中的能量流和物质循环在通常情况下（没有受到外力的剧烈干扰）总是平稳地进行着，与此同时生态系统的结构也保持相对的稳定状态，这叫作生态平衡。生态平衡最明显的表现就是系统中的物种数量和种群规模相对平稳。当然，生态平衡是一种动态平衡，即它的各项指标，如生产量、生物的种类和数量，都不是固定在某一水平，而是在某个范围内来回变化。这同时也表明生态系统具有自我调节和维持平衡状态的能力。当生态系统的某个要素出现功能异常时，其产生的影响就会被系统作出的调节所抵消。生态系统的能量流和物质循环以多种渠道进行着，如果某一渠道受阻，其他渠道就会发挥补偿作用。

对污染物的入侵，生态系统表现出一定的自净能力，也是系统调节的结果。生态系统的结构越复杂，能量流和物质循环的途径越多，其调节能力，或者抵抗外力影响的能力，就越强。反之，结构越简单，生态系统维持平衡的能力就越弱。农田和果园生态系统是脆弱生态系统的例子。一个生态系统的调节能力是有限度的。外力的影响超出这个限度，生态平衡就会遭到破坏，生态系统就会在短时间内发生结构上的变化，比如一些物种的种群规模发生剧烈变化，另一些物种则可能消失，也可能产生新的物种。但变化带来的结果往往是不利的，它削弱了生态系统的调节能力。这种超限度的影响对生态系统造成的破坏是长远性的，生态系统重新回到和原来相当的状态往往需要很长的时间，甚至造成不可逆转的改变，这就破坏了生态平衡。作为生物圈一分子的人类，对生态环境的影响力目前已经超过自然力量，而且主要是负面影响，并且成为破坏生态平衡的主要因素。

教学中要引导学生自觉维护生态平衡，这是生态文明建设的基础。例如，海河流域大量修建水库等人为工程，取水过量，超出了自然承载力，引发河道和湖沼干涸、湿地萎缩、土地退化、洄游鱼类消失等严重威胁人类生存发展。因此，人类只有自觉维护生态平衡，才能实现持续发展。

三、深刻领悟循环经济

2021 年，中华人民共和国国家发展和改革委员会印发了《“十四五”循环经济发展规划》。生态文明建设的关键在于发展循环经济。循环经济，完整地表达是资源循环型经济。以资源节约和循环利用为特征、与环境和谐的经济发展模式。强调把经济活动组织成一个“资源—产品—再生资源”的反馈式流程。其特征是低开采、高利用、低排放。所有的物质和能源能在这个不断进行的经济循环中得到合理和持久的利用，以把经济活动对自然环境的影响降低到尽可能小的程度。循环经济的基本原则是“减量化、再利用、再循环”，其核心是资源高效利用和循环利用。

循环经济观在考虑自然时，不再像传统工业经济那样将其作为“取料场”和“垃圾场”，而是将其作为人类赖以生存的基础，是需要维持良性循环的生态系统。科学技术方面，不仅考虑对自然的开发能力，还要充分考虑对生态系统的修复能力，使之成为有益于环境的技术；人自身的发展方面，不仅要考虑人对自然的征服能力，还要提高人与自然和谐相处的能力，促进人的全面发展。

教学中要引导学生全面认识循环经济。例如，秸秆可作为肥料、饲料、能源、工业原料、手工饰品和艺术雕塑品等。发展循环经济，实现秸秆综合利用，既消除焚烧污染，保护土地生态，缓解资源危机，又带来显著经济效益。

四、勇做生态创业先锋

生态文明建设最终要依靠各类创新创业人才，更需要生态企业的广泛创立。生态创业是生态文明时代孕育的新型创业模式，一种基于维护生态和谐，倡导健康环保理念的青年成功创富之路。从狭义上来看，是创造性地提供环境友好型产品或服务的企业创立过程；从广义上看，是具有创新性、以市场为导向、受人格驱动的价值创造形式，它不仅包括新创企业，还包括产生有利于环境的创新产品和活动的企业内创业。生态创业主要特点是：致力于开发与环境资源协调，与社会民生和谐的产品和服务；创业组织主张文明、健康、环保的生活方式；创业文化以和谐创新为主要理念，注重生态文明与商业文明的统一再造；创业平台以网络和主题合作团队形式存在；创业项目侧重于生态环保领域以及新农村文化建设；适合各类人群。

教学中要注重培养学生创新创业意识，勇做新时代生态创业先锋。例如，生态企业亿利集团创始人王文彪带领库布人民发展生态产业，对防治荒漠化作出积极贡献，成为走向世界的中国名片。因此，学生要以这种这样的精神为引领，勇做开拓者生态创业，带动生态文明向更好的方向发展。

地理教学的过程中要始终贯穿生态文明教育，从生态观念伦理观、生态平衡观出发，围绕循环经济和生态创业出发，从全方位带领学生认识生态，了解生态，改善生态。这是地理学科的意义，更是地理教学的意义。

第三节

“紫微垣”天文社——启迪智慧，仰望星空

科创教育为创新人才培养赋能。科技教育是基础教育的重要组成部分，中学阶段是培养创新精神和创新人才的摇篮。“紫微垣”天文社于2002年创建，是学校先进办学思想和理念的集中体现和反映。学校的师资与资金的支持，为社团活动的开展提供了充分的条件。天文创新校本课程也在此背景下开始创新性探索、开发与实践，为学生搭建自主发展的平台。

一、创设“紫微垣”天文社的意义

天文是一门神秘的学问，天上那些散发着微弱光芒的星星，总是吸引着古今中外的人们发出同样的追问，就如屈原《天问》：“日月安属？列星安陈？出自汤谷，次于蒙汜。自明及晦，所行几里？夜光何德，死则又育？”我们拥有很长“仰望星空”的历史，早早就有了三垣、四象、二十八宿为主的星官体系，浪漫的古人们还给它们纷纷取了优雅富有想象空间的名字。《小雅·大东》：东有启明，西有长庚；《唐风·绸缪》：绸缪束薪，三星在天……从古至今，无法让人停止追随探索的脚步。

一是通过天文知识学习，获得地球和宇宙环境的基础知识。通过天文观测和

天文书籍及天文软件对所获取的信息进行整理、分析和综合，将其应用到课内学习过程中。在进行探究性学习的同时，积极参加市级天文比赛，参加全国性和国际性天文奥赛活动。二是激发学生探索星空、探索宇宙的兴趣和动力；关注我国航天事业的发展，增强热爱祖国、热爱家乡、热爱学校的情感；增强利用宇宙资源、保护宇宙环境的使命感。通过开展"紫微垣"天文社活动，培养学生的兴趣、爱好、特长。以学生为本，满足学生个性发展需要，架起沟通校外科普资源与学生之间的桥梁。三是通过开展天文活动，培养学生的创新意识、创新能力和个人在天文学方面的兴趣、爱好、特长。为祖国的现代化培养天文人才。

二、"紫微垣"天文社科技实践活动

（一）专业人士讲座

聘请专业人士讲解基础天文知识，每周开展一次的天文讲座是社员们学习天文知识的主要途径。讲座内容涵盖星座、恒星、行星、流星观测、天球坐标系、初级的天体力学与天体物理、望远镜等方面的基础知识。师生共讲"天文"，引导学生探究天文知识，进行讨论式学习，辅导教师进行专项指导，这在中学社团中是独树一帜的。

天文社参加活动

天文社参加活动

（二）开展观影活动

“紫微垣”天文社的活动安排是讲座与天文电影及视频交替进行，合理分配社团活动时间。在组织观看天文电影活动中，社员们选取题材鲜明，内容充实，难度适合的天文电影及动画进行放映。已放映的有《接触未来》《银河铁道之夜》《恒星诞生》《霍金宇宙论》《浪漫追星社》等。讲座与天文电影相间进行，互相补充和印证，增加了学生的学习兴趣。

（三）进行实地观测

天津是四大直辖市之一，经济发展迅速，这也使天津地区夜晚的光污染十分严重，对天文观测有很大影响。而天文学是用观测、计算、推理的方法探索宇宙奥秘，必须把观测放在第一位。为了克服城市灯光污染，社团从成立起一直坚持每学期进行野外观测，观测的具体内容根据北京科技馆或天津科技馆的预报进行，并通过《天文爱好者》杂志的“星空有约”来获取消息。观测内容包括：月相变化、大行星、流星雨，日月食，星云星团星系等。如 2009 年 7 月的日食观测，多名社员赶赴铜陵、杭州观测；校内举行“中法汉语桥”活动，留津的社员在校内和法国的学生一起进行日食的观测。另外在嫦娥 1 号发射前，组织学生们观月活动，收到良好效果，帮助更多学生学习和掌握有关的观测知识。

每次观测活动结束后，社员们通过分析大量照片和记录，进行分析综合，获取到许多第一手天文资料。这样的"学习—观测—研究",激发了社团成员对天文的学习兴趣,并提高了学生们的观测技巧能力。

由我市天文爱好者定期组织,实验中学天文社成员参加的津郊野外观测活动,也是提高社团成员兴趣,掌握观测技巧的实践活动。例如每年3月的梅西叶天体马拉松观测、暑期爆发的英仙座流星雨、不定期的彗星观测、年底的双子座流星雨观测,届时都能看到天文社成员(在宁河区的七里海等地)活跃的身影。

2009年7月22日发生了世界瞩目的长江日全食这一天文奇观,唐伯谦与王家琛先期到达上海,因天气原因,又分别前往安徽铜陵、浙江杭州进行观测,拍摄了大量照片。结束活动回来,我通过大量照片具体讲解天文知识。未离开天津的学生则在校内开展了日偏食观测活动。在学府广场上使用博冠200/2400望远镜及数台双筒望远镜和日食眼镜,在校师生也观测这一天文奇观。

由于天气原因,在铜陵观测站我将观测重点转向"黑太阳"以外的目标。在食甚前1分钟,我观测到日影自西向东扫过大地,并且全食阶段气温比初亏时低4℃。在天津观测偏食的学生则没有检测到气温的明显降低。这些观测结果是常规日食观测拍摄未曾注意到的部分。

(四)参加天文奥赛

在全国天文奥赛及国际天文奥赛选手培训活动中,通过解题训练带动课内知识理解与综合运用。成员们先后多次参加全国天文奥赛以及亚太地区天文奥赛,并屡获殊荣。

"紫微垣"天文社自2002年建立以来,已培养了数以百计的中学生天文爱好者。除了每周五固定的天文知识讲座外,社员们还积极组织社员参加各种校内外天文科普活动。我自任社长后,通过天文奥赛培训,两次入选天文奥赛国家队,并多次获得北京天文奥林匹克邀请赛三等奖、厦门天文奥林匹克邀请赛二等奖、广州天文奥林匹克邀请赛二等奖，并代表中国参加厦门举行的第三届亚太地区天文奥赛（APAO）获得铜牌，代表中国参加第五届亚太地区天文奥赛（APAO）获银牌。在我的帮助指导下有多名学生获奖。杭州天文奥林匹克邀请赛荣获二等奖；天津市第一届、第二届中学生天文节中的天文摄影、天文网上答题、天文有奖征文比赛中获市级一二三等奖及优秀奖。学校还荣获第一届天津市中学生天文节天文擂台赛二等奖。在第二届天津市中学生天文节天文知识擂台赛中，社员们代表学校荣获集体一等奖。天文社被学校授予“特殊贡献奖”。

天文社参加活动

（五）组织参与全市天文普及活动

如第一届路边天文夜，在校内进行日食观测，通过两届天津市中学生天文节活动，首次将校内外活动进行有机结合。社员们响应号召，与天津大学天文协会、耀华中学天文社、复兴中学天文社共同组织，在银河广场开展了第一届国际路边天文夜。这是一项全球天文爱好者共同参与的活动，社员们为广大市民现场讲解天文知识，利用天文望远镜观测月亮、木星、金星及一些深空天体，准确生动的讲解获得了市民的一致好评。此次活动是社员们首次尝试参与全球范围内的天文普及活动，为社团建设取得了宝贵的经验。

（六）参加“天津市中学生天文节”活动

为了响应素质教育，推进教学改革，结合我国探月工程的进展，为更广泛地在中学生中普及天文知识，创造良好的天文学习氛围，搭建展示天文知识特长的平台，在天文节期间，社员们积极参加有奖征文、摄影比赛、网上天文知识有奖答题、天文知识擂台赛等活动。天津科技馆与本市拥有小天文台的学校组织联合观测活动，响应“在天文望远镜里看月亮”全国联合观测活动，把天文活动推向新高潮。

天文社参加活动

（七）试办“天文创新校本课程”课程

“天文创新校本课程”是在教师的指导下，学生充分利用学校教学资源（如天文台及相关的软硬件设备），进行科学研究，在实践中获得天文地理学方面的知识，同时积极地思索发现问题，自主地探究问题，创造性地运用所学知识解决实际问题。

天文地理校本课程在高中课程结构中属科学学习领域，涉及综

合实践活动。是地理的分支学科，并涵盖研究性学习及社会实践。模块上属校本课程，即地理选修二。本课程对学生的实践能力以及信息技术获取能力要求较高，在全面体现新课程基本理念的基础上更突出学生学习地理的选择性以及重视对地理问题的探究，强调信息技术在地理学习中的应用。

天文爱好者的课题目标是由学生根据自己的兴趣、爱好、特长，向学校提出研究方向而开设的天文校本课程。教师根据专业特长编写《天文校本课程开发指南》，在充分考虑学校和社区科技资源情况下，向学校申报校本课程开发计划。经过努力，推出了"创新思维——天文篇""天文观测"等系列天文创新校本课程，内容涉及地球空间科学及其前沿与高新技术等。

三、"紫微垣"天文社科技创新探究

（一）开展社团活动中坚持观测第一，知识学习中把握全体与个体的结合

对有参加天文奥赛意愿的社员进行理论知识与心理以及参赛经验等方面的专题辅导，由有参赛经验的老队员传授心得。鼓励全体队员参加天津地区的天文预赛，通过培训天文社的学生获得全国天文奥赛邀请赛资格，为学校和天津市争得了荣誉。

（二）活动中激发创新意识，变接受式为自主探究式

学习组装望远镜：利用天文节活动获奖的两架天文望远镜，不但教会社员组装望远镜，还进行望远镜构造、成像原理等知识的讲解，提高社员观测的积极性。

自制减光镜应用在相机和天文望远镜上，在日偏食和日全食的观测中发挥了作用，增加了动手能力。

模拟全国天文奥赛试题，自编试题，强化培训，以题带点。在第一届天津市天文节中，获天文知识擂台赛团体二等奖，第二届天文节获得团体一等奖的好成绩，

与此同时《追星逐梦》一文获征文比赛二等奖，王家琛的照片获天文摄影二等奖。

在组织吸纳新生宣传过程中，社员能够用自己学到的知识进行讲解，并培养了社团的后备队员。

组织学生们对每周五的天文课进行总结，学习做“天文日志”“观测日志”。关注电视、报纸、杂志有关消息，充分利用《天文爱好者》杂志，把天文与自己的学习、生活联系起来。

（三）天象观测开创新视野，“学以致用”共同提高

与天津中学、耀华中学，共享天文资源，交流观测经验；与各省天文爱好者在全国奥赛集训队交流找到志同道合者，共同切磋疑惑共同分享探索的乐趣；在国际赛场上与各国天文选手比赛交流提高自己的能力，打开了校内校外互动的大门。对流星雨、日食、月食的观测，使学生们培养求真务实的态度。观测日偏食、日全食（天津、铜陵、杭州），进行网上交流，结合天象天气情况，使队员实时掌握数据并进行分析。聘请天文教育专家、天津市天文学会理事赵之珩，北京天文馆的景海荣副馆长担任顾问，给予学生很大的帮助，越来越多学生加入社团中来。

（四）宗旨与发展

脚踏实地，执着追求，走向成熟。在组织社团的过程中，我有意识地激发社员热爱生活热爱自然的兴趣，丰富大家的课余生活。展望未来：执著追求，不断创新，走向更好。在天文社中努力营造轻松愉快的氛围，培养生活情趣，进行生命的思考，提高质疑能力，爱星空、爱自然、爱国家，积极献身天文事业，扩大视野，破除迷信。

“紫微垣”天文社活动立足校内，扩展校外，开展了丰富多彩的科学实践活动，其影响力已覆盖全校各年级各班，每班几乎都有活跃的社团成员，他们也成为带动校内天文科普的排头兵。社员在天文社学习的过程中，初步形成了科学宇宙观

并能主动拒绝迷信，为他人宣传科学知识。在校外，通过开展“路边天文夜”等活动，已有数以千计的市民参与到活动中，亲眼看到了难得一见的天象，更在宣传下认清了一些诸如“世界末日”“天灾”等伪科学，提升了科学素养。

学生们在活动中逐渐懂得只有坚实了骨骼，丰富了人生，才能点亮希望的未来。这就是仰望星空带给学生们最美丽的延伸。在组织学生们学天文的过程中，我也深深体会到：国家需要这些爱科学、爱自然、爱星空的人，今后的发展更需要我们进一步的努力和奋斗。展望未来，要脚踏实地学好基础知识，为从事天文工作打好基础。我们要增加天文科普在校内外的宣传力度，与我市其他学校的天文社团加强交流，让更多的人走近天文、了解天文、热爱科学。

我们将进一步扩大社团规模，完善建设工作；增加参观科技馆、天文馆等活动的次数；利用我市科技馆的资源，聘请天文学家、高校教授为社团做些有针对性的讲座；与其他各校天文社团，尤其是高校社团开展更为密切的合作，以高校先进的教学资源推动学校社团的发展，达到互利共赢的良好局面。

信息传播的全媒体时代，教育资源无处不在，学习随时随地可以进行，我们一定要转变观念，变革学习方式，让世界成为课堂的一部分。仰望星空，宇宙有太多的未解之谜等着我们；脚踏实地，我们要用自己的脚步丈量世界。人的心灵深处总有一种把自己当作发现者、研究者、探索者的固有需要，这种需要对于丰盈学生的精神世界而言尤为可贵。我们期望，每一个学生都能充分接触科技教育，在学校科创文化的熏陶下，展开科技创新的翅膀腾飞。

第八章

高中地理教学实践案例

实践是检验真理的唯一标准。教师所掌握的理论教学知识再充足，若不能运用到真实的教学场景之中，也是无用。只有深入一线课堂教学，才能检验上述理论是否正确，上述教学模式是否值得推广。教育的对象是学生，任何教育教学活动都必须在充分了解学生的基础上进行，任何脱离学生实际情况的教育都是空中楼阁。本章为笔者在多年教学中的教学实例，能直观、真实地呈现出高中地理教学的真实情境，展现师生得益于此体系所产生的积极效能，让核心素养导向设计助力优质轻负，促进学生的德智体美劳全面发展。

第一节

城市历史景观的保护

【课程标准】

举例说明在城乡发展过程中，为了保护城市特色景观和传统文化所应采取的对策措施

【教学目标】

1. 了解城市景观特色和传统文化的内容及其主要表现形式，举例说明所在城市景观特色及其所蕴涵的丰富的历史文化；理解城市历史景观保护的重要意义；掌握保护特色景观和传统文化所应采取的对策措施。

2. 学生在小组讨论和案例研究中深刻理解城市特色景观和传统文化保护的重要意义和采取的对策措施。

3. 在小组合作学习中，培养学生的合作意识、团队精神和敢于发表个人见解的能力，培养学生的思辨能力和创新能力。在重点剖析天津市特色景观“五大道”保护的成功和不足之处，启发学生对家乡城市特色景观保护的意识和责任感，培养学生的热爱家乡、热爱祖国的意识。在讨论如何保护城市特色景观和传统文化过程中，培养学生城市可持续发展的理念和树立科学的城市发展观、规划观。

【教学重点】

城市特色景观，保护特色景观和传统文化的对策措施。

【教学难点】

保护特色景观和传统文化的对策措施。

【教学方法】

师生互动合作学习法、案例研究法、多媒体辅助教学法。

【课时安排】

1课时。

【教学过程】

教学环节	师生活动	设计目的
创设情境，导入新课	师生共同欣赏城市历史景观特色	在中国和世界城市景观特色欣赏中，感悟城市景观特色的独特性。从而为探究保护城市历史特色景观的重要意义和保护措施打下伏笔。
深入研讨，理解特色	师生共同研讨城市历史景观特色特在“哪”	充分利用教材提供的城市历史特色景观图，深入研讨理解城市历史景观特色，特在哪？是历史的遗迹？还是与自然环境的完善融合？还是地域文化的充分体现？还是艺术的杰出代表，还是……激发学生对城市历史景观特色的理解。
	学生自主归纳总结	通过深入研讨城市历史特色景观的“特”，自然归纳总结出保护城市历史特色景观的重要意义。培养学生的自我归纳总结的能力。
保护城市历史景观的意义	小组合作研讨天津市“五大道”历史风貌建筑的保护，提出在城市发展过程中，保护城市历史景观和传统文化的对策和措施	

续表

教学环节	师生活动	设计目的
案例分析天津市“五大道”保护		结合学生身边熟悉的实例，具体分析在城市发展过程中如何保护城市历史景观和传统文化，提出对策和措施。同时通过对城市发展和城市历史景观保护两难问题的研讨，深入透析问题。
延伸学习，回归社会	在课余时间由学生自主组成小组继续调查研究天津市特色景观保护，撰写小论文或调查报告，6月7日中国文化遗产日这一天交流，并向相关部门提出学生的建设性意见和建议；积极参与“智慧点燃文明”首届公益广告创意大赛，津城“保护风貌建筑、点燃津城文明”系列公益活动。	“知识来源于生活，回归于生活，服务于生活”，本节课结束了但社会这一大课还远未结束。课余时间由学生自主组成研究小组对天津市历史景观保护继续研究，并积极参与天津市的公益活动。激发学生热爱家乡、热爱祖国的激情。

第二节

地球圈层的解析

人类繁衍生息在大地上，很想知道地下是个什么样子。那么，地下究竟是什么样子呢？这的确是个大难题，难就难在人们进入不了地下世界。当今世界上最深的钻井也只有一万米左右。这个深度同地球6300多千米的半径相比，实在是太微小了。人们想直接观察地球内部的状况是不可能的，但通过地震波在地球内部传播的情况，可以间接地了解到地球内部的结构和物理状况。地震波有个特性，它在不同物理性质的物质中有不同的传播速度，该速度受物质密度、温度、压力的影响。

【教学目标】

1. 说出地球的圈层结构；概括各圈层的主要特点；了解地球的外部圈层之间的密切关系及主要特点。

2. 通过绘制内部圈层和外部圈层示意图，掌握地球圈层结构，能结合地球各圈层的特点，分析实际生活中的地理现象；主要特征图示结构组成的学习和表述地理事物的方法。

3. 通过地球圈层结构图的合作绘制，体验地球结构的优美，激发探索地球奥秘的兴趣；地球内部的物质运动及地球外部的各个圈层之间相互联系，认识事物是普遍联系的；培养学生的自学能力、合作学习能力、分析问题、解决问题的能力，树立正确的环境观，培养学生热爱地球和保护地球环境的意识。

【教学重难点】

教学重点：地球内外圈层的空间分布及特点；地球的内部结构及地壳，大气的组成和垂直分层。

教学难点：地幔；对流层和平流层温度随高度变化的原因。

【教学方法和教学手段】

小组合作学习法、启发式讲授法、多媒体辅助教学。

【教学过程】

教师活动	学生活动	设计意图	课标要求
走进生活，导入新课 （大屏幕显示鸡蛋的图） 大家在吃鸡蛋的时候有没有注意到鸡蛋可以分成几层呢 （显示鸡蛋结构图） 可见学生们平日里对生活的观察还是非常仔细的。在鸡蛋的结构中，我们发现蛋清，蛋壳都是以蛋黄为中心形成一圈一圈的结构，像这种结构我们称之为圈层结构 （显示地球图） 地球是我们人类生存的唯一家园，了解地球的结构及各组成部分的相互关系对于我们人类的生存和发展是非常必要也是非常重要的，我们今天就共同来学习一下	学生答：略 学生：回忆地球	从学生熟知的生活实际入手，亲切自然，激发学生的学习兴趣和主动参与的意识	

续表

教师活动	学生活动	设计意图	课标要求
(板书)第四节地球的圈层结构 地球的结构与鸡蛋的结构类似也呈现出圈层结构的特点，但地球的质量巨大(6588×1013 亿吨)，具有足够大的引力，可以将地表外部的部分物质吸附在自己的周围。因此地球的圈层结构除了有从地表到地心的这部分内部圈层结构外，还有从地表到地球引力能吸附物质的最上界的外部圈层结构	学生：思考、回答(略)		
(板书)内部圈层结构、外部圈层结构 在研究鸡蛋的结构时，我们直接将鸡蛋切开就一目了然了，那研究地球的结构时能否将地球切开呢？那显然是不现实的，那我们如何研究地球的结构呢？采用什么方法借助什么样的工具研究	学生分组阅读教材、资料，小组讨论并绘制地球的圈层结构图		
好，请学生们结合我们的教材、地图册和学习材料，你能否用素描图的形式把地球的圈层结构画出来 (分成两大组随机安排，提出明确要求)在画的过程中要注意以下几个问题：采用什么方法分层？分几层？层与层的分界面是什么？各层的主要组成物质及主要特征是什么？在画的过程中你遇到了什么问题？或有什么疑问 在画图中标注出来	学生：说明其绘图的理由 学生：提问交流互 学生：说明其绘图的理由 学生：提问交流互动	激发学生思考问题 师生互动，再次激发学生的学习欲望合作学生在有明确目标的情况下，才能进一步提高学习效率，增强学习效果	

续表

教师活动	学生活动	设计意图	课标要求
（教师观察学生阅读资料和绘制素描图的过程，并与学生交流，面向全体学生，了解学生的学习情况） 教师随时注意灵活点拨，激发思考，鼓励学生提出问题	学生思考，交流	培养学生自主学习、合作学习和绘制素描图的能力，并在画图中感受地球的结构美	
教师用动画进行有效总结，完善内部圈层的相关知识，突出对地幔、地壳和岩石圈的讲解，从而有效突出重点，突破难点 请地球外部圈层的学生代表到前面展示他们的地球内部圈层结构		教师在观察中发现问题，在交流中了解学生的思想，为下面突破重难点知识打下基础	
教师随时注意灵活点拨，激发思考，鼓励学生提出问题 （由学生在画外部圈层时的困惑，鼓励学生自己发现，外部圈层是相互渗透，共同构成自然环境）		给学生创造展示自我的机会，在讲解中与其他学生一起交流，在质疑中更深一层次的理解知识的内涵	说出地球的内部圈层结构 概括地球内部三个圈层的主要特点
师生共同探讨美国的“生物圈 2 号”实验失败的原因是什么，给我们人类的生产生活有什么样的启示		师生互动，加深理解	
教师总结，并作相应的安排		了解探知地球内部圈层结构的方法	

续表

教师活动	学生活动	设计意图	课标要求
开放性作业：研究内部圈层和研究外部圈层的学生再次进行深入的研究。我们利用地震波了解了地球的内部圈层结构，依据地震波的特点我们还可以利用地震波为人类做哪些方面的服务		概括地球内部三个圈层结构主要特点，培养读图、析图、分析资料的能力 用动画增强视觉效果，增强对易混淆知识的识别，突出重点、突破难点 师生互动，加深理解 了解地球外部圈层结构和主要特点。培养读图、析图能力。初步了解地理环境各要素之间的联系	说出地球的外部圈层结构 概括地球外部圈层的主要特点

续表

教师活动	学生活动	设计意图	课标要求
		形成地球圈层结构的整体观念，树立正确的环境观，培养学生热爱地球和保护地球环境的意识 将大气圈的垂直分层等内容安排到下一节课，以更有利于学生对大气的垂直分层及对流层和平流层气温随高度的变化而变化的原因的理解	

第三节

细说河流的故事

【课程分析】

河流是自然地理环境的产物，是形成区域特征、区域差异的重要因素，它影响甚至制约着人类的生产和生活。河流专题复习就是以河流为线索，将相关知识进行迁移、重组，形成新的知识结构，加深对主干知识的理解与把握，从而达到巩固、落实基础知识，提高相关能力的目的。

【教学目标】

1. 明确河流特征及流域开发建设的基本内容和治理措施。

2. 通过分析典型河流的水文特征及成因，提升学生分析问题的深刻性、准确性。

3. 如何开发、利用、治理、保护河流，提升学生地理专业素养、人文素养及可持续发展思想。

【设计理念】

本节课根据学校“图式—探究—合作”教学模式，通过典型案例引导师生共建分析河流问题的思维导图，鼓励学生合作分析思考，形成完整的思维体系和知识网络，充分体现学生的主体地位。

【教学重难点】

教学重点：河流特征的描述。

教学难点：流域开发基本内容及综合整治的措施。

【教学模式】

“图式—探究—合作”教学模式。

【教学过程】

1. 展示案例，合作探究。

天津市某高中高三学生计划在高考后组织“暑假地理夏令营”活动。活动目的有二：第一，放松心情，喜庆高考，开始人生新的起点；第二，学生可以通过“暑假地理夏令营”活动比较我国某地某河流流域与教材作为案例提及的“田纳西河流域”。通过比较，学习对学生终身有用的地理。

2. 师生互动，课堂小结。

自然环境与河流的关系。

3. 独立自主，思维训练。

例题：比较分析左图和右图所示河流，左图河流不易形成河口三角洲，右图河流容易形成三角洲的原因。

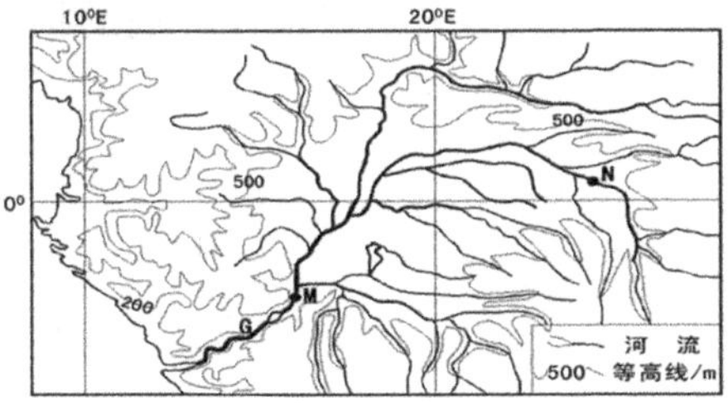

甲

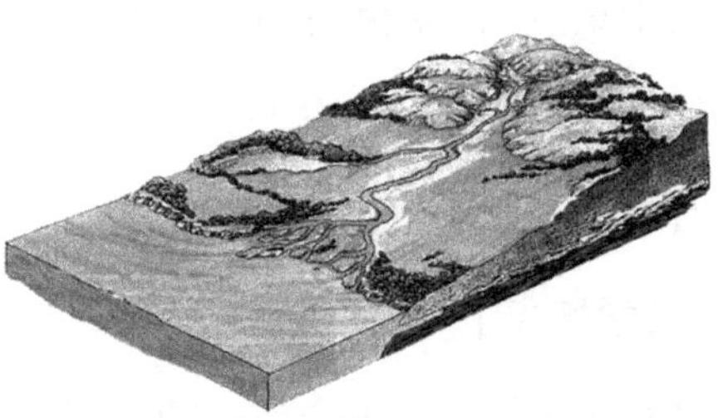
乙

教师在学生分析思维过程的基础上展示标准的分析过程，自我构建细化知识网络。

第四节

文化扩散的奥秘

【教学目标】

通过案例分析，深入理解文化空间扩散的概念、类型和作用，结合已学过的知识能分析和辨别生活中常见的文化空间扩散类型；将各种扩散类型形象化，拉近抽象概念与实际的距离，增强知识的趣味性；运用本节知识解释和分析历史上与身边的文化扩散现象。

【德育目标】

培养学生理论联系实际的能力，树立学生学习生活中有用的地理的理念。

【教学重难点】

教学重点：用实例说明文化的扩散类型；现实生活中如何选择合适的扩散模式来促进文化和社会的发展。

教学难点：文化的扩散类型。

【教学模式】

多媒体辅助—小组合作—师生互动教学模式。

【教具】

多媒体网络。

【课时安排】

1 课时。

【教学过程】

教学环节	教学过程	设计意图
导入新课	学生们前面我们已经学习了有关文化的基本知识，通过学习我们知道文化是人类在社会发展过程中创造出来的所有的物质财富和精神财富。它是我们人类的瑰宝．任何一种文化从产生之后，如果它要想持续发展壮大，那么它必须要进行文化扩散。我们一起来看分析：文明发源地及其文化扩散	从图引入，培养学生的读图能力，分析问题并得出结论的能力
讲授新课	那么什么是文化扩散呢 文化扩散：是指某种文化事物（或现象）通过各种形式从一地传往另一地的过程，与文化传承一起构成文化传播	学生要从刚才的分析中自主找出概念
	文化传播 { 文化扩散（空间）；文化传承（时间） } 文化扩散的主体是：人 根据扩散过程中人的空间移动距离的长短，我们把文化扩散分为两种主要的类型： 文化扩散的主要类型	运用生活中的实例来分析，便于将抽象的理论具体化，以便于学生的理解。同时通过具体的事件又生成理论，从而又将具体的事项由浅层的表面认识升华到理论的层面，从而培养学生归纳总结的能力
讲授新课	类型 { 扩展扩散 { 传染扩散；等级扩散；刺激扩散 }；迁移扩散 }	小组讨论共同得出结论

续表

教学环节	教学过程	设计意图
讲授新课	（在此过程中，充分运用生活中的实例，来进行分析文化扩散的类型，以及每种类型之间的区别） 文化扩散的作用：促进文化的繁荣和发展、促进社会经济的发展 文化扩散一方面形成文化区，另一方面使文化区之间优势互补，赋予地方文化以新的生命，从而促进了文化的发展和繁荣。同时先进的观念、技术、生产工具的扩散，又推动了社会经济的发展，可以说没有文化扩散，就没有社会的发展。如果没有“遣唐使”将中国文化带回日本，便没有日本的“大化改新”；没有地理大发现所引起的移民浪潮，便不会有今日新大陆的文明；如果没有祖国的改革开放政策，走出去引进来，便没有今日强大而繁荣的中国经济，也不会有我们今天的幸福生活	从学生的兴趣出发，更有利于激发学生的学习热情；小组合作讨论，培养学生的团队协作能力 注重身边的文化扩散，合理地选择合适的扩散方式来促进文化的发展和社会进步，培养学生地理有用于我们的生活，学习生活中有用的地理的理念。培养学生的文化社会责任感
分组讨论	身边的文化扩散	
总结	文化扩散是文化发展的必然。古往今来，文化事物（或现象）如果借助了合适的文化扩散方式，那么它的扩散速度就会加快，促进文化的发展和推动社会的进步。今日社会，文化扩散更加频繁，也更加重要，如果选择了合理的扩散方式，就会促进身边文化的扩散，这也是我们今天学习文化扩散的主要目的，希望大家在今后的学习、工作生活中，能正确合理地选择合适的文化扩散形式，来促进我们文化的发展和社会的进步	

第五节

全球气候变化对人类活动的影响

【课标要求】

根据有关资料，说明全球气候变化对人类活动的影响。

【教学目标】

1. 依据资料能够描述出地质时期以及人类历史时期的气候变化状况；能描述出近代气候变化的特点并分析造成气候变化的原因；能够结合人类生活的实例，从多角度讨论气候变化对人类活动产生的影响。

2. 通过多种途径搜集全球气候变化的资料，以培养学生收集整理资料的能力；分析所收集的资料并结合教材知识从而总结出气候变化对人类活动的影响，以培养学生分析资料和处理资料的能力。

3. 通过分析气候变化的数据资料得出相应的结论，在这一过程培养学生求真、求实的科学精神；通过全球气候的变化对人类活动影响的学习，明确人类社会的发展要与自然规律相协调从而树立科学的“人地观”和“可持续发展观”；通过全球气候变化对人类活动的影响实例分析，从而增强学生“保护环境，人人有责”的社会责任感。

【教学重难点】

教学重点：近代全球气候变化对人类活动的影响。

教学难点：全球气候变化对人类活动的影响；全球气候变化影响的区域性和区域差异。

【教学方法】

案例教学法、小组合作学习法、多媒体辅助教学法。

【教学设计指导思想】

以新课程理念“学习生活中的地理”“改变地理学习方式”为指导思想，以学生合作学习为主要教学形式，达到培养学生形成积极主动的学习态度的目的。

【教学过程】

1. 教学导入

走进生活，导入新课：学生们今天我们共同来探究一个世界性的热点话题《全球气候变化对人类活动的影响》，说到气候变化，请你进行思考。

2. 师生活动

活动一：联系生活列举。据你的生活体验、观察，气候是否有变化？有什么变化？

学生：思考回答。

（教师根据学生回答，适当点播并区分天气与气候的区别）

天气：天气是某一地区短时段内的大气状态（如冷暖、风雨、干湿、阴晴等）及其变化的总称。气候：某一地区长时期内大气的一般状态，是该地经常性天气的综合表现。

小结：通过刚才学生们的描述，我们的气候确实发生了变化。

承转：如果像科学家那样研究气候变化，我们说只靠感觉还是远远不够，若了解纪录气候变化的确切情况，我们需要什么资料？

学生：思考回答。（教师引导启发并适当点评）

承转：我发现，我们学生的想法与专家的想法基本是一致的，有了气候的两大要素气温和降水的数值和图表，我们就可以分析气候变化了。我们想分析哪个时间段的气候变化，我们只要有相应时段数据就可以了。通常将气候的变化，分成地质时期、历史时期和近代时期三个阶段。

活动二：小组合作，资料分析。利用“全球地质时期气候变化曲线图”，探究地质时期全球气候变化的特点。概括特点，并说明得出此特点的依据。

屏幕显示：全球地质时期气候变化图。

（教师点评、师生共同归纳、总结，并引导学生探讨细节问题）

承转：了解了地质时期全球变化气候变化的主要特点，我们再来研究一下历史时期的气候变化特点及依据。

屏幕显示：历史时期气候变化图。

（教师点评、师生共同归纳、总结，并引导学生探讨细节问题）

追问：地质时期和历史时期全球变化的主要原因可能是什么呢？

（教师点评，师生形成共识）

承转：那我们近代气候变化的特点又如何呢？

屏幕显示：近代气候变化图。

（学生思考回答，教师点评）

屏幕出现：从以下资料中，你们能获得什么信息？又反映出气候变化有何特点？请大家思考、讨论后，概括说明。

形成近代全球气候变化的主要原因是什么？从哪些方面思考？哪些资料，能帮助你们找到上述问题的答案？

屏幕显示:IPCC 相关资料。

(学生记录、总结、发表观点)

(教师点评,师生共同归纳)

活动三:小组合作。全球气候变化对人类活动有哪些影响?每个小组选择以下某个方面,重点讨论,并从这个方面思考缓解全球变暖的有效措施。

工业、农业、交通、商贸、人体健康、文化、旅游、聚落分布……

学生总结:将收集的资料或整理的结论以投影的方式展示并总结。

小结:通过同学们的分析,我们认识到全球气候变化对我们人类活动产生了多方面的影响。

(大屏幕同步出知识结构图)

回归生活:面对全球变暖,作为新时代的我们,应该如何做呢?"低碳生活,人人有份"。"低碳生活"是一种态度,积极提倡并去实践低碳生活,注意节电、节油、节水、节气。我们每一个小小的举动都能为减少碳排放贡献一分力量。

第九章

行走在地理学科教育之路上

学无止境，教无止境，时代对教师提出了新要求，基于国家对于教育教学的希望，基于民众对于教育教学的诉求，教师应是课堂教学的革新者、组织者，学生学习的引导者、促进者，教师应培养学生的学习创新能力，激发学生的学习兴趣，把重心放在学生的“学”上。在教学过程中，应从学生的实际出发，紧紧抓住课堂教学改革这个中心环节，通过优化课堂目标、优化课堂结构、优化课堂作业，提高课堂教学的有效度。教师在教学中要学会取他人之长补己之短，提高自身的教育教学水平。教学还需必须不断反思，及时总结，适时改进，充分完善自我，相互学习，取长补短，全面实施素质教育，不断提高教育教学水平，切实有效地优化课堂教学环节，提高学科教学质量。教师是学生人生路上的引导者，而教师本人也正行走在学科教育之路上。

第一节

启迪慧思：国培计划在行动

中国特色社会主义进入新时代，人民群众对高质量教育的期盼热烈，知识和人才的重要性日益突出，因而教师的地位和作用更为凸显。建设教育强国之路，教师是立教之本、兴教之源，是教育发展的第一资源，肩负着塑造灵魂、塑造生命、塑造人的时代使命。习近平总书记指出，面对教育高质量发展的新任务和新挑战，要把教书育人作为一种最本真、最纯粹、最持久的信仰。作为教师，要树立终身学习的思想信念，重视教育培训，扩充教育视野，深化教育情怀，在提升和成长的道路上完善自身、发展自身。

中小学教师国家级培训计划，简称“国培计划”，是提高中小学教师队伍整体素质的重要举措。对教师而言，在职培训是教师专业发展的重要途径之一，国培计划是国家史无前例地高度重视中小学教师培训的体现，对于教师群体更无疑是一道精美的成长大餐。笔者怀揣着对教育事业的执着、对教育教学的热切、对学生的热爱、对未来的渴盼，参与教育部国家级骨干教师高级研修项目，与华中师范大学高中地理班学员们一起为爱行走。

一、聆听经典，启迪慧思

“国培计划”自启动以来，始终坚持“示范引领、雪中送炭、促进改革”的宗旨，高度重视典型案例的培育与提炼，积极探索先进做法，总结推广成熟经验，不断推动实践创新。其中的经典都是来自专家的一线实践成果，从理念、理论、策略、方法、评价、命题、实践操作、课堂授课。此次国培计划进行了一次全面深入的启迪、引领和示范，为教育教学提供了科学有效的方法论，收益颇丰。内容包括精致的校本教研，从教学设计、教学内容和教学评价等多个方面优化深入，结合学生的个性特征和阶段特点搭建教学考合一的地理课堂，在基本知识技能传授的过程中培育学生的核心素养能力，和当前义务教育发展的要求相一致。课程设计方面，从微课设计制作到在线课程教学视频制作，运用多样化的教学媒体和教学手段，丰富了教学形式，增强了趣味性和科学性，紧跟新时代教育下信息化和网络化的新形势。之前单一的课程评价也进一步深入，从仅以知识目标为导向的掌握评价转向知情合一、激发兴趣和情感、升华态度和价值观的深度教学评价。在观课议课汲取新教学思想，内化于自身教育理念，进而展开教育叙事，书写成长和反思，致力于成长为学习型和研究型教师。此次培训的角度广泛丰富，从教师研究到课题研究，涵盖了中学地理教育教学的方方面面。真知灼见，启人深思。专家的引领示范、同伴的互助共商、师生的共情互动，真正激荡起求知悦新的氛围。培训学习是短暂的，但是给我的记忆和思考却是永恒的。感谢“国培”搭建了一个提升自身素养和工作潜力的平台，为以后顺利开展教育教研工作奠定了坚实的基础。感谢“国培”，带给了我思想上的洗礼，心灵上的震撼、理念上的革新，让我既有知识上的积淀，也有了教育、教学、教研技艺的增长，使我在培训学习过程中又迈上了一个新的台阶。

二、臻思敏行，务实创新

学成于思而敏于行，学然后知不足，学然后知改进，学然后知方向。我们生在一个变革的时代，教育人要破解这样的命题，接受这样的挑战，就不仅要有温度、有爱心，更需要有深度、有前瞻。此次培训学习无疑为我自身的教学实践提供了丰富的启示和方法，在深度反思和钻研后，我立志结合自身的教育教学管理实践着手开展新课程、新理念、新教材、新探索的实践活动，建构更为全面有效的教学课程体系，为学生提供更为切实的帮助和引导，指导其在求知中成长成才，在合作探究中树立创新精神和独立精神，为地理教学的进一步深度开发注入新动力和新方法。

如教学研思训一体化——教研体系的构建、“图式—探究—合作”教学模式的深度开发和研究、“中学地理智慧教学的探索与实践”课题的成功立项、高三地理智慧复习课的实践探索、特色课程体系的再建构等，务实创新开创教育教学改革的新阶段。培训反思之余，我感到更多的是职责，是压力，让我真正感觉到教育是一项充满智慧的事业，作为一名教育工作者，深感自己重任在肩。步履不停，在今后的教研工作中，我会学以致用，把培训中所学的新理念、新知识，透过咀嚼、消化，逐渐内化为自己新的教育教学理论和教研思想，并以此指导自己的教研工作实践。我将在今后的教研工作实践中，继续努力学习，不断进步，用自己所学的知识、智慧和汗水换来明天的硕果累累。

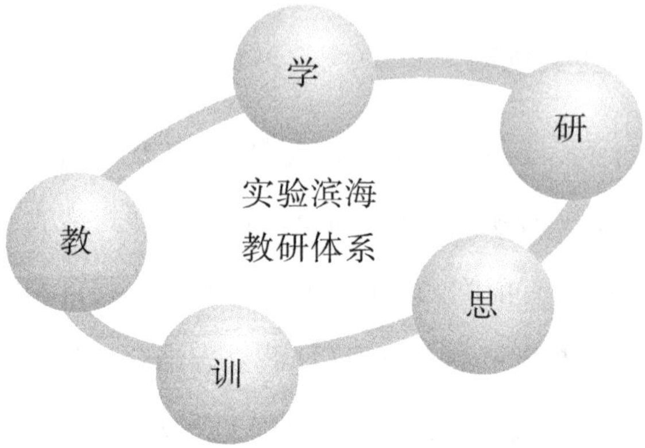

教学研思训一体化模式

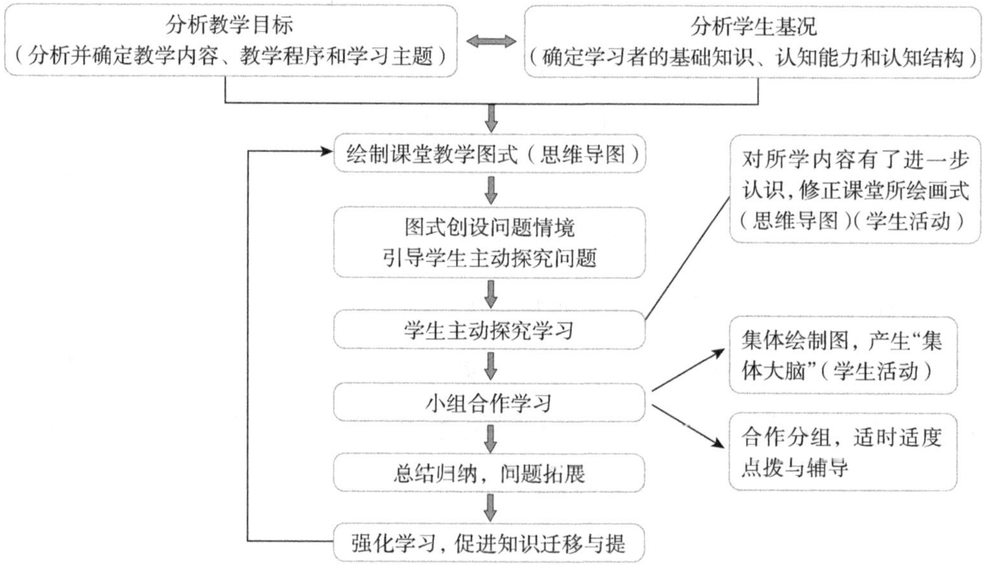

绘制课堂教学图式

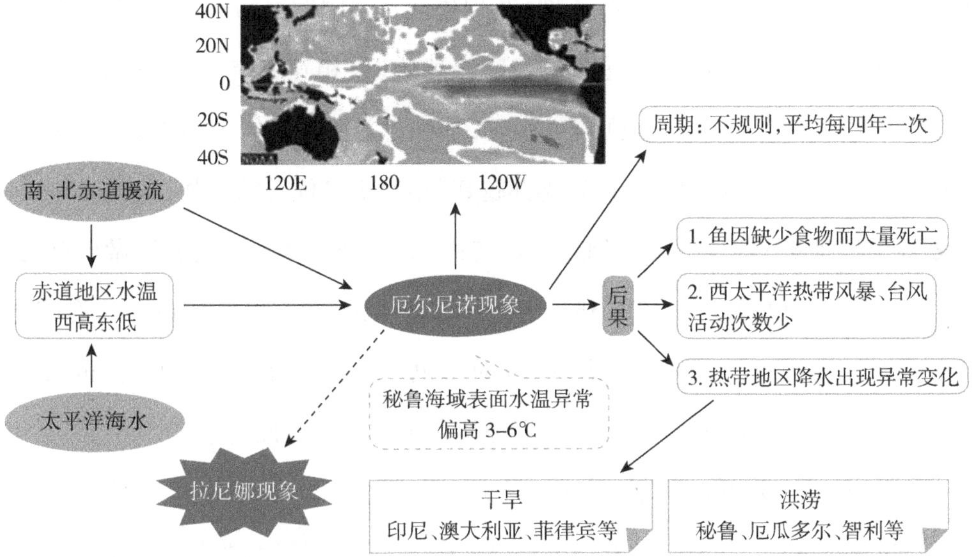

厄尔尼诺现象

三、潜心研学，培育英才

潜心研学博采众长，扎根一线凝聚智慧。启迪慧思臻思敏行，辐射推广培育才俊。务实创新不辱使命，著书立说广播种福。在“双减”背景下，如何拒绝一讲到底、一厢情愿、放任自流的教学，让学生主动，让成果可见，关键在于教师自身的研学素养。这就要求教师从教育教学管理“发力”，从教育科研工作“竭力”，从幸福校园构建“使力”，从课后服务质量“尽力”，牢记新时代党的教育方针，认真践行善美教育理念，聚焦双减工作，夯实“五项管理”，着力“课后服务”，抓住新机遇、稳步推进。精准教学，“教”“研”相长，唯有提高自身，才能让教育真正成为“一棵树摇动另一棵树，一朵云推动另一朵云，一个灵魂唤醒另一个灵魂”的实践活动。

通过切身学习与实践，受益良多，可以说，国培计划是提高教师综合专业能力的催化剂，是提高教育质量的强心剂，是促进教育共同发展的重要抓手。我倍加珍惜这次来之不易的学习机会，勤奋学习、提高认识、相互交流、取长补短、加强学习，并以此次培训为契机，增强自身素质，加强自身涵养，为今后的教育教学打下了坚实的基础。真诚希望国培计划越办越好，培育更多优秀的教师；真诚希望国培计划高中地理班的学生，勇于创新开拓实践，为地理教育教学的发展做出自己的贡献；因为爱所以行走。只有在热爱中持续求索创新，学有思、思有行、行有获，才能将教学这一终身的学问做实做深，同时这也是新课改背景下对于教师的要求，唯有如此，才能在教授知识过程中更好地培育出一批又一批英才。

2022 年是“十四五”规划的关键之年，是党的二十大召开之年。教育是立国之本、强国之基，教育高质量发展关键是教师的专业化发展，发展教育，必先发展教师。没有教师的发展，就没有教育的发展。没有教师专业化的发展，就没有教育高质量的发展。国培计划无疑为教师成长提供了实践和反思的平台，更提供了生态取向的教师专业能力培训，为实现教育事业的进步和发展注入实际有效的动力，谱写教师发展和教育发展新的篇章，推动形成优秀人才竞相从教、广大教师尽展其才、好教师不断涌现的良好局面。教育之路道阻且长，但初心不改，乐在其中，以教育为终身发展的事业，在智慧和创新中汲取力量，进一步构建科学化的教学体系，在交流和反思中收获评价和建议，有效改进教学设计和内容中的不完美之处。以学生为本，巩固教学成果，发掘教学不足，完善教学方法，真正实现启智润心，助力起航。

乘着“国培计划”这艘巨轮，只争朝夕，不负韶华，以昂扬的奋斗之姿献礼祖国二十大，培育新时代建设者和接班人！

第二节

臻思敏行:“缜思—敏行—务实—创新”学访之行

教师承担着传播知识、传播思想、传播真理的历史使命,肩负着塑造灵魂、塑造生命、塑造人的时代重任,是教育发展的第一资源,是国家富强、民族振兴、人民幸福的重要基石。2019 年,我参加了“深化教育领域综合改革全面提升教育教学质量——教育系统管理干部高级研修班”赴上海的交流学习。此次培训的目标是结合当前中高考改革实施背景下的政策要求,深入实地培训、学访、观摩、体验,从而更新教育理念、开阔教育视野,提升课程领导力,通过借鉴改革先行者的新思想、新方法、新经验,促进区域深化教育综合改革,全面提升教育教学质量,为河西区率先建成“首善之区”贡献教育工作者应尽的责任和义务。

此次培训,我认真聆听了上海市教育委员会教学研究室副主任、特级教师纪明泽的《不忘初心深化课改》、上海市南洋中学教务主任许美新《新高考背景下的课程管理与选课分班的探索》、上海市南洋中学党委书记校长陈宏观的《特色学校和校园文化建设》、上海市徐汇中学课程室主任《学校课程建设特色》、上海市吴淞中学张哲人校长的《高考变革下的学校行动》、上海市嘉定二中周凤林校长的《厚实人文底蕴提升科技素养》以及上海市延安中学的《创新实验室项目学习交流》《课程建设与评价》等 8 位专家高屋建瓴的讲座;认真深入体悟 5 所上海市知名老校感悟校园文化、课程体系建设、创新实验室建设、新高考改革的思考、课堂教学实践等。培训短暂而充实、创新且务实、理念与实操相结合、核心育人永相伴、教书育人齐携手、共话课改新篇章。

作为一名教师、一名教育管理者，我们都要有对教育的恒心执着坚守，对新课程改革的痴心追寻，对教育科研的聚心追求，对创新人才培养的会心研究，对教育管理的精心探索，对学习的慧心无限渴求。我们要始终坚持重思教育的使命，重寻教育的规律，重树教育的形象，重构教育的未来。笃学精思，立德力行，开放创新。

一、缜思——有理想、有信念、有志向、有信仰才能远行

一名优秀教师、一名优秀教育管理者一定要有远大的理想，人只有有了目标，才能走得更加坚定，才能行动得更快。人要敢于做“梦”。当生活没有“梦”时，生命的意义也就完结了，教育也就失去了意义。教育是基于信念的事业，是一种基于信念的文化活动。德国哲学家、教育家雅斯贝尔斯认为，“教育须有信仰，没有信仰就不成其为教育，而只是教学的技术而已”“教育首先是一个精神成长过程，然后才成为科学获知的一部分”。教育者只有用教育信念作支撑，才能关注人的精神成长，不至于在观念上落入“应试”的窠臼。人只能由人来培养，心灵只能由心灵来感召。为信念去投身辛苦、繁琐的教育工作，是幸福和快乐的。心甘情愿怀揣着这样一个属于自己的教育梦想去迎接挑战，以昂扬的斗志、精益求精的态度、敏而好学的精神不断超越，及时“转身”在现实中走出一条异彩纷呈的教育理想之路。

二、敏行——有敏度、有践行、有反思、有爱才能成就教育

“敏行”一词出自《论语·里仁》中的“君子欲讷于言敏于行”，意为做事敏捷，勇于实践。“学而不思则罔，思而不学则殆”，知识在于不断地积累更新，厚积

才能博发，渊博的学识不仅会树立自己的信心，更会赢得学生的尊重。只有树立终身学习的思想，才能永葆教育青春。从教师成长的角度看，反思是教师的一种自我学习，自我提高的方式。教师就是在这样一个学习和反思的过程中，自身的专业素养和整体水平才能不断地得到提高。

“只有热爱学生，才能成为名师。”因为只有关爱学生，才会为他们的成长与发展而经常改进自己的教育教学。人们常说“教育本质上是一个人道主义的事业”，在学习和对一位位教育名师的解读中，我深深领悟着师之本质：一种高度的人道主义精神，一种责任感，一种发自内心的工作热情，一种对教育教学精益求精的态度。优秀的教师是文明的传播者，爱心的播撒者。用深厚的文化底蕴，高尚的人格，宽容的心态，满腔的热情构建教育大厦，开辟自己的教育天地。

三、务实——勤学习、勤思考、勤实践、勤提炼才会有进步

勤于学习，学习先进的教育教学理论、学习先进的教育教学经验、学习先进的教育教学策略和方法。勤向教育教学专家学习、勤向报刊书籍学习，“读史使人明智，读诗使人灵透，数学使人精细，物理使人深沉，伦理使人庄重，逻辑修辞使人善辩”。深厚的理论功底和教育教学实践经验是开展教育教学研究和不断提升的基础，因此不管工作多忙都要坚持每天 30 至 60 分钟阅读教育教学理论经典；向学生学习，陶行知先生说：“你要教你的学生教你怎样去教他。如果你不肯向你的学生虚心请教，你便不知道他的环境，不知道他的能力，不知道他的需要，那么你就有天大的本事也不能教导他。”

勤于思考，思考先进教育教学理论之精深、思考先进教育教学经验之精妙、思考先进教育教学策略和方法之操作、思考自己的教育教学实践之不足。通过思考才会让我们对教育教学观念有了更新的认识，并重新审视和剖析自己教育教学

观、学生观、知识观、课程观。特别是在这个知识不断更新的时代，作为教师的我们一定要紧跟时代的步伐，思考是必不可少的。

勤于实践，实践先进的教育教学理论、教育教学经验、教育教学策略和方法。勤于提炼，提炼先进教育教学理论之经典、提炼教育教学实践之经验，形成自己的教育教学理论、策略和方法。

四、创新——敢实验、勤总结、敢尝试、有变革才会有创新

陶行知先生说："我们在教育界任事的人，如果想自立想进步，就须胆量放大，将试验精神向那未发明的新理贯射过去，不怕辛苦，不怕疲倦，不怕障碍，不怕失败，一心要把那教育的奥妙新理，一个个地发现出来。"敢于实验，敢于尝试新的教育教学策略和方法，并勤于总结和思考，不断校正和再实验新的教学策略，有变革才会有创新。

教育管理者应该是一个有教育理想、有坚定教育信念和教育信仰，充满教育智慧，缜思、敏行、务实、创新的人。追逐优秀教育管理者之梦的这个过程是艰辛的、充满荆棘和曲折的过程，但它是成长、成熟的过程，更是收获快乐、享受升华的过程。

我将继续深入反思，及时转身，总结思考自己的教学行为，寻找自己努力的方向，向着"教育梦"的征程坚实地走下去。

有人说过，"人诗意地栖息在大地上。"我们都有权利寻找一个梦想的家园，一个心灵的栖息地。但是，有多少人感受到了诗意？我们寻觅着梦想，其实我们离梦想并不遥远，因为我们就走在通向梦想的路上。

第三节

潜心研学：未来教育家奠基工程

天津市未来教育家奠基工程是天津市政府、天津市教育委员会、天津市教育科学研究院搭建的高层次的学习平台，借助这个平台可以与全国各地的教育专家、优秀教师交流对话、零距离接触，寻找破解教育难题的策略和方法。教科院的各位领导做了精心策划和组织安排，精选地点创造了完美的培训学习环境；精选集中培训课程，从理论引领、典型示范、自我修养、科研提升四个维度聘请全国在相关领域最知名的教育教学一线专家做培训讲座。

经过专题讲座、专家互动、理论学习、学员交流、课题指导、自主研修等系统培训，教育教学思想理念受到了强烈的冲击，教育教学观念进一步得到了更新，教育教学科研实践技能得到了有效地提升。几番交流，感触颇深。唯有臻思、敏行、务实、创新，教育才可不断提升。教师教学过程中应深入反思、消化所学，并将之内化为自己的教育教学行为，更应直面自己的差距与不足，寻找自己努力的方向。培训是一面镜子，它照出现实，更照出未来。培训之感必反复品味，终生难忘，为今后的教育教学一定会产生积极而深远的影响。这意味着另一个“教育梦”征程的开始……路漫漫其修远兮，吾将上下而求索，实践新的教育教学规划安排，去实现教育的可持续发展。

一、潜心研修，务实创新

学生素质有差异是客观存在的，教师要从思想上、情感上、行动上接纳智力不同，兴趣爱好不同，个性心理品质不同的学生。要切实贯彻因材施教的原则，即从每位学生的实际情况和具体特点出发，有区别有针对性地进行课堂教学。教学目标的落实应兼顾：一般与个别、集体与个人、点与面的关系。要尊重差生，注意发现其积极因素，鼓励帮助他们树立信心，创造转化条件，因势利导，从而使教学面向全体学生的目标得以落实。当然也要鼓励热爱地理及才智超众的学生脱颖而出。只有教师面对不同的学生采用不同的教学方法，才可以带领全体学生共同完成教学目标，帮助每一个孩子树立正确的世界观、价值观和人生观，引导学生全面发展。

我一直坚守“因为爱所以行走”教育理念，在课堂教学中，通过与学生交流、问卷调查等形式，充分了解了学生的兴趣爱好，并结合学生的兴趣爱好和地理课程标准巧妙地设计并实施了“我做地理小讲师”“地理未解每日一谜”“我的地盘我做主”“我的思维我来绘”等系列地理课堂教学环节。通过近三年的实践，多元化的教育环节和个性化的教育方式激发了学生对地理学习兴趣和爱好，提升了学生的地理学习能力和技巧，初步掌握了用地理学的思想和方法去发现问题、思考问题、研究问题并解决问题。

然而只依靠教师个人的爱和努力，是没有办法完全帮助学生全面发展的。学生综合素质的提升，始终是整个班级、整个学校、整个社会共同努力才能达到的结果。学校助力对于教师的教育起着至关重要的作用。实践证明，唯有务实创新，因材施教，集百家之长，汇举校之力，教育才能有所创新，愈行愈勇。

二、严谨笃学，恭行教育

教无定法，但须得法。通过全国第四届中小学校长论坛、杭州新课程改革高峰论坛、天津市未来教育家论坛等系列活动，我对新课程改革有了更加深入的理解和思考，教育要尊重学生的选择权、教育要真正为学生未来发展奠基、教育要不断打破原有的模式，去开创教育教学的新局面。不断探索实践与新课程理念相契合的能有效提高课堂教学实效和高效的课堂教学方式、方法及教学模式，以真正实现高效课堂。每节课我都依据学生的身心发展规律、原有知识储备、原有信息量，依据课程标准、教学大纲，精心设计教学过程的各个环节，以充分激发学生学习的激情、调动学生学习的积极性、开拓学生的思路、完善思维脉络、培育创新精神，实现高效课堂。

在践行"图式—探究—合作"教学、情境式教学、研究性学习、自主学习、小组合作学习、网络互动交流性学习等多种教学方式的基础上，深入开展教育教学学术理论及实践研究。作为课题负责人或主要负责人完成国家级课题 1 项、市级课题 6 项、区级课题 1 项，主持和参与各级各类科研课题，加深了我对现代教育的深度思考，同时也使我的教育教学理论、方法、策略及实践能力和水平得到有效提升。

实践永远是检验真理的唯一标准，严谨的教风、学风，在实践中的反思和调整永远是教师建设高效课堂、提升教学水平的有效方法。教师是学生人生路上的引导者，更是教育路上的探索者。不问东西，唯有前行……

三、科技创新，培育英才

创新源自优质的教育。面对新世纪以科技创新和人才竞争为核心的国际竞争，各国普遍把教育教学改革作为提高人才质量的关键，人才培养方式的不同，关系到国家、民族的未来。自主创新学习是适应时代发展要求的一种学习方式，是当前课程改革倡导的学习方式之一。发展学生自主创新学习的能力，培养学生创新精神和提高学生的创新能力已成为当前学科教学关注的焦点。创新人才教育是培养学生科学精神、探究精神、创新思维和创新能力的重要教育教学活动。教师要引导学生自主创新学习，培养学生的创新精神，关键在于教师，即教师必须要有创新精神，具有创新型的教师才能培养出创新型的学生。自参与科技教育教学工作到分管学校科技创新人才培养，学校先后创立并组织了“露草”根与芽环保志愿组、“壳牌美境”行动志愿组、“紫微垣”天文社、全国“地球小博士”科技大赛、国际地理奥林匹克竞赛等科技教育社团等。

科技创新人才培养是一项系统工程，它不但需要科技教育工作者的满腔热情，还需要不断地交流、思考、反思、归纳、总结、提炼，形成独特的科技创新人才培养的育人风格和模式。今年先后有 68 人次荣获天津市青少年科技创新大赛、天津市机器人竞赛、全国科学嘉年华、全国天文奥林匹克竞赛等相关赛事一二三等奖，34 人次入选中国科协组织的“英才计划”，22 人次参加中国科学院大学、上海交通大学的暑期科学夏令营活动等。

创新教育是一项长期而又复杂的工程，学生要努力、教师要努力；教学目标要改变，教学方法要改变，教学思想更需要改变。这要求教育引领创新、教育辅助创新，唯有利用教育培育出创新英才，国家才能有光明广阔的未来。

四、衷情教育，为爱坚守

理想信念是一种希望、一种牵引，更是一种动力。在我心中始终有一个梦想，那就是让我们的教育真正回归于生命的本真、回归于生活的本身、回归于生态的本源，从而拥有无限的活力和生命力。这个梦想贯穿于整个教育生涯，我愿为之而献出终身。为了实现教育梦想，我充分关注和尊重学生的个性化差异，为每一位学生的健康成长奠定坚实的基础；在课堂教学中，我积极倡导并践行基于思维的"图式—探究—合作"特色教学模式、基于生活探究的"实验教学"和基于生态的"情境教学"，为实现高效教学和培养创新人才而不懈求索；在教育科研中，我勤于思考基于现实教育教学存在的问题、基于对教育理性思考的研究和实践，积极开展基于新课程改革的课程设计研究、基于学生真正"学会认知、学会共同生活、学会做事、学会生存"的研究、基于互联网 + 背景下数字化校园建设研究、信息技术应用于课堂教学、微课、翻转课堂、IPAD 教学等的研究，为教育教学发展贡献力量。

在实践中成长，我的教育教学理念得到更新、视野更加开阔、思维更加灵动、实践更上一层楼。展望未来，我将继续全身心投入到教育教学中去，潜心研修、务实创新、严谨笃学、恭行教育、科技创新、培育英才、衷情教育、为爱坚守，用一颗"爱心"培育我的学生们，用一颗"恒心"坚守我的教育阵地，用一颗"感恩的心"回报社会，满怀信心、充满激情地投入教育教学科研中去，不断强化自身的国家责任、政治责任、社会责任和教育责任，谨记传播知识、传播思想、传播真理的历史使命，为尽快成长为一名科研型教师而不懈奋斗！

参考文献

[1] 刘学梅 . 地理教学目标达成路径研究 [D]. 华中师范大学，2016.

[2] 张彤 . 普通高中课程实施的个案研究—L 中学“唤醒心灵教育”理念下的课程构建 [D]. 东北师范大学，2016.

[3] 孙树彪 . 高等教育内涵式发展的“立德树人”研究 [D]. 吉林大学，2019.

[4] 王海霞 . 习近平意识形态教育理论研究 [D]. 中共中央党校，2019.

[5] 教育部关于印发普通高中课程方案和语文等学科课程标准（2017 年版 2020 年修订）的通知 [J]. 中华人民共和国教育部公报，2020（06）：25+10–781.

[6] 曾玮 . 新课程地理学科高考试题命制研究 [D]. 华东师范大学，2011.

[7] 陈实 . 我国中学生现代地理实践素养培养研究 [D]. 华中师范大学，2014.

[8] 李文田 . 改革开放 30 年我国中学地理教科书变革研究 [D]. 华中师范大学，2011.

[9] 龙泉 . 地理学科育人价值及其教学实现策略研究 [D]. 华中师范大学，2017.

[10] 荀杰婷 . 基于人地协调观培养的地理教材运用策略研究 [D]. 华中师范大学，2020.

[11] 李晴 . 试论地理案例教学 [J]. 中学地理教学参考，2001（9）：2.

[12] 北京市教育委员会，北京高等教育学会教材工作研究会 . 构建高等教育教材建设体系，提高高等教育教学与人才培养质量 [M]. 中国人民大学出版社，2015.11.647.

[13] 罗剑平 . 新课程理念下高中地理案例教学的探讨 [J]. 当代教育论坛（下半月刊）,2009（1）: 95–96.

[14] 周为华 . 生存教育——新教材素质教育的突破口 [J]. 福建教育学院学报，2003（8）: 2.

[15] 刘富刚 .《自然地理学》教学改革与创新 [J]. 地理教育，2008（3）: 2.

[16] 何志鹏 . 可持续发展与国家主权原则的新视野 [J]. 安徽大学法律评论，2004（1）: 11.

[17] 徐冉冉 . 论新课标下高中地理教学中的德育渗透 [J]. 科技资讯，2013.

[18] 陈实 . 我国中学生现代地理实践素养培养研究 [D]. 华中师范大学，2014.

[19] 孔艳玲 . 注重过程、强调方法——高中地理新课程目标实施初探 [J]. 中国科教创新导刊，2008（15）: 1.

[20] 熊平，隆亚玲 . 训练中提高学生获取和解读地理信息的能力 [J]. 地理教育，2013（4）: 2.

[21] 顾小碗，张惠娟 . 地图在中学历史教学中的作用 [J]. 读写算（教师版）: 素质教育论坛，2009（21）: 101–102.

[22] 赵会夫 . 地图在地理教学中的作用 [J]. 试题与研究：教学论坛，2013（21）: 1.

[23] 李曦 . 高一学生地理图文转换能力的培养 [J]. 小作家选刊：教学交流，2013（3）: 1.

[24] 潘霖滋 . 合作学习在《新世纪高中英语》教学中的应用研究 [D]. 华东师范大学 .

[25] 郈霞 . 努力把握合作学习的有效性 [J]. 山西教育：管理版，2004（10）: 2.

[26] 郭成才 . 浅谈如何塑造国有企业团队精神 [J]. 经济技术协作信息，2007

（19）: 1.

[27] 张仲全 . 小议中学历史教学中情感态度价值观目标的落实 [J]. 心事，2014（3）: 2.

[28] 李晓岭 . 初中物理教学中如何落实情感，态度和价值观目标的实践研究 [D]. 东北师范大学，2007.

[29] 林森 . 谈高中地理新课程“情感态度与价值观”目标的达成 [J]. 考试周刊，2011（61）: 1.

[30] 陈庆军 . 乡土地理教学案例的编写 [J]. 地理教学，2009（11）: 3.

[31] 张向颖 . 从山东省地理模考题“砂田农业”看核心素养的考查 [J]. 地理教育，2020.

[32] 王雷亭 . 可持续发展理论：人文地理教学中的新课题 [J]. 泰山学院学报，1999.

[33] 侯超文 . 浅谈高中地理核心素养的认知与培养 [J]. 中文科技期刊数据库（引文版）教育科学：00035-00035.

[34] 夏恩伟，肖红侠 .“图式 - 探究 - 合作”教学模式的探索与实践 [J]. 地理教学，2013（7）: 4.

[35] 卢光亮 . 谈跨学科知识在地理教学中的应用 [J]. 福建教育学院学报，2008（6）: 2.

[36] 刘茹 . 基于微课教学手段的高中生地理读图能力的培养研究 [D]. 福建师范大学，2015.

[37] 冯德林 . 在高中数学教学中创设问题情境 [J]. 知识窗，2014（20）: 1.

[38] 张文娟 . 思维导图在初中地理中的应用 [J]. 教育管理与艺术，2014（3）: 1.

[39] 包亚燕 . 走进孩子的队伍让孩子与书为友 [J]. 爱满天下，2006（2）: 1.

[40] 李臣 . 浅谈思维导图在高中地理教学中的应用 [J]. 青春岁月：学术版，2014（1）：2.

[41] 吕怡宁 ."思维导图" 在高中生物学复习课中的实践研究 [D]. 四川师范大学,2019.

[42] 黎世法 . 异步教学的理论和方法 [J]. 中学语文：大语文论坛旬刊,1996（03）：10–12.

[43] 王恒松 . 异步教学是高中地理教学中培养学生创新能力的主渠道 [J]. 异步教学研究,2010,000（002）：103–105.

[44] 吴章贵 . 语文教学中发挥学生主体作用的几点做法 [J]. 异步教学研究，1996（1）.

[45] 杨培源 . 初中地理兴趣教学 [J]. 金色年华：2011（4）：1.

[46] 张旭 . 浅析高中地理教育的作用及地位 [J]. 课程教育研究：学法教法研究,2015（35）：2.

[47] 耿海燕 . 高中教学中的案例学习法 [J]. 金色年华（教学参考）,2010,000（010）：50.

[48] 冯海凤 . 浅议地理数学中的案例学习 [J]. 软件：教育现代化,2012,02（1）：23–23.

[49] 张学林，段珊，胡波 . 浅谈案例教学法在网页设计与制作课程教学中的应用 [J]. 中国成人教育,2009（10）：2.

[50] 赵守江 . 运用现代教育技术优化地理教学 [J]. 新课程：中学,2009（1）：1.

[51] 田恒奎 . 现代教育技术在课堂教学中的运用 [C]// 基础教育理论研究成果荟萃 .2007.

[52] 郑威仪 . 异步教学是实现素质教育目标的主要方式——献给异步教学创

立20周年[J]. 异步教学研究,1999(3).

[53] 李学珍. 实施异步教学培养学生自主学习能力[J]. 异步教学研究,2007(4):3.

[54] 张旭敏. 自主学习在地理教学中的尝试[J]. 新校园:理论版,2011(5):181–182.

[55] 高晓华. 自主学习与地理教学[J]. 科学大众:科学教育,2008(10):2.

[56] 郝红梅. 高中地理自主学习能力的培养[J]. 青少年日记:教育教学研究,2015(3):1.

[57] 马思思. 谈高中地理创新教法[J]. 科海故事博览 · 科教创新,2014,000(004):392–392.

[58] 王志亮. 发挥异步教学优势培养学生创新能力[J]. 异步教学研究,2004(6):3.

[59] 张雄伟. 教,然后知不足——《用数对确定位置》一课教学后的思考[J]. 中学课程辅导:教师教育,2017(4):2.

[60] 潘彤. 浅谈中学地理教学内容及方法的改革[J]. 读与写:教育教学刊,2009,6(8):2.

[61] 张红. 跳出"质量"看质量——"求思文化"引领下的质量观[J]. 天津教育,2012(10):2.

[62] 尹超平. 课堂教学中应该如何以学生为主体[J]. 北方文学:下 2013(4):1.

[63] 阴艳芬. 浅析小学科学教学方法的策略探究[J]. 百科论坛电子杂志,2020.

[64] 丁丹,宋存江,王淑芳,等. 应对多学科交叉融合对复合型人才培养提出的新挑战[J]. 高校生物学教学研究:电子版,2016,6(2):3.

[65] 丁建生. 基于学校,适合学生——关于课程建设的思考与实践[J]. 教育视

界,2016（24）: 4.

[66] 敖倩 . 浅谈幼儿“文盲式”家庭教育的现状与对策 [J]. 新课程：下,2014（9）: 1.

[67] 朱永新 . 我们还需要教育理想吗 [J].2021（2015-12）: 48-48.

[68] 廖飞 . 校本课程开发及其应用 [J]. 新教育时代电子杂志：教师版,2013（11）.

[69] 郑金洲 . 校本课程的几个基本问题 [J].

[70] 孙厚红 . 构建学校、家庭、社会“三位一体”教育模式 [J]. 知识文库,2019（4）: 1.

[71] 陈立新 . 新理念下教研组工作的观察与反思 [J]. 地理教育,2006（1）: 1.

[72] 田茂昌 . 高中教研组合力的现状与对策——对贵州省印江民族中学教研组合力情况问卷调查 [J]. 新课程改革与实践,2008,000（012）: 154-156.

[73] 张军才 . 教师要做课改的研究者 [J]. 湖南教育：综合版,2004（7）: 1.

[74] 智利明, 王双艳 . 试论教师职业道德在教育中的作用 [J]. 中国体卫艺教育,2011（4）: 1.

[75] 吴跃本 . 提升教师师德修养的路径选择 [J]. 市场周刊,2014（12）: 2.

[76] 周奎英 . 做“大先生”, 让人格魅力成为最有价值的教育资源 [J]. 师道：人文,2017（5）: 2.

[77] 支爱玲 . 高尚师德：教师生命价值的张扬和追求 [J]. 宁夏教育科研,2006（1）: 1.

[78] 郑日金 . 强化德育意识淡化德育痕迹——谈德育与智体美劳诸育的隐性衔接 [J]. 上饶师专学报,1994（03）: 39-44.

[79] 刘楠 . 学科育人价值融入地理课堂教学的实施策略 [J]. 北京教育：普教

版，2020（3）：3.

[80] 高振奋．地理：培育学生的生态观 [J].2021（2016-12）：31-32.

[81] 查朱和．新时代编辑素质“六要”新要求 [J]. 中国出版，2020（7）：5.

[82] 孙刚成，吴锐．创建中国特色高水平本科教育的价值与路径 [J]. 高等函授学报（哲学社会科学版），2019，000（007）：4-9.

[83] 王鸿章．在初中政治课教学中构建有效的师生互动 [J]. 新课程：下，2008（2）：2.

[84] 刘冰．浅谈教师职业的专业化 [J]. 当代教育实践与教学研究：电子刊，2016.

[85] 汤成超．数学课堂：于细节处给学生以人文关怀 [J]. 上海教育科研，2005（6）：4.

[86] 张旭．研究型语文教师的四个维度 [J]. 教师，2013（7）：1.

[87] 陈玉华．“走出去”——让专家引领教师成长 [J]. 吉林教育：现代校长，2007（Z2）：1.

[88] 陈月茹．基于大教学设计观的教科书编制方略 [J]. 宁夏教育，2008（9）：1.

[89] 张小卓．新课改下的历史教师应具备的基本素质 [J]. 吉林画报：教育百家A，2014.

[90] 乔慧芳．课程校本化：愿景、专业与路径 [J]. 新课程：综合版，2010（11）：2.

[91] 袁贵仁．加强和改革教师教育大力提高我国教师专业化水平 [J]. 人民教育，2001（9）：3.

[92] 陈薇薇．初中地理校本课程开发的实践与思考 [J]. 科学咨询，2016（45）：2.

[93] 赵艳丽．循环经济是最好的选择 [J]. 环境经济，2006（1）：78-79.

[94] 李本亮，王萍．论生态文明视野下的循环经济发展 [J]. 西安社会科学，

2010,28（6）：3.

[95] 韩天澍 . 大庆市高校大学生生态创业观培育研究 [J].2021（2018-4）：141-142.

[96] 张诚 . 构建“研训一体化”教研模式的思考 [J]. 湖南教育：综合版，2005（5）：1.

[97] 曾小敏 . 教育，让生命在场——高中语文教学中渗透生命教育的实践探索 [J]. 素质教育大参考，2013（7）：3.

结 语

在人类为社会发展、文明传承、技术进步、素质提升、道德完善而组织进行的现代教育事业中，教师是一切教育活动的主体与主导者，是一切教育行为的实践与变革者。在层次众多、类型多样、学科众多的现代教育体系中，无论是推进因材施教，还是要做到有教无类；无论是追求人格陶冶，还是要重视知识完备；无论是促进学生全面发展，还是要面向全体学生，无不需要教师具有完整的知识结构、高超的教学能力、高尚的师德修养、不懈的专业追求和无私的奉献精神。唯其如此，才能实现教书育人的根本目的。

历史在时序中更替，梦想在奋进中前行。多年来，我始终在教育之路上不断摸索创新，发掘新方法和新思路，在实践中取得了一些成果。学校战略支持不断深入创新，在地理学科培养中发挥重要作用；在高素质教师队伍建设中，我们构建出可持续发展的学习型教研团队；在探索构建教育新模式的过程中，我们实现追求教育的理想，用爱培育学生，用爱点亮希望。

十年树木，百年树人。人才是第一资源，只有通过分析变化、预测趋势，不断探索实践教学模式，创新和应用科学合理的教学理论，制订全面细致的学习规划，搭建知识学习和应用的平台，才能全面提高教育质量，助力学生对地理知识的全面掌握和应用实践，有效提升学生的创新意识和创造能力，为国家培养创造性人才，为基础教育研究积蓄新生力量。

教师是立教之基、兴教之本、强教之源。教育既是培养人、发展人、成就人的神圣事业，更是为党和国家各项事业培育建设者与接班人的伟大工程。在此意义上，担负着为“党之大计，国之大计”育人育才的广大教师，不应仅以自己的知识造就学生，更要以自己的一言一行潜移默化、深远地影响学生。高质量、高素质的教师队伍能够促进学校可持续性发展。在教师队伍建设的过程中，需要构建可持续发展的学习型教研团队，用爱培育理想，加强师德修养，构建起教、学、研一体的学科教研模式，在教师专业化成长发展平台上不断进步。

感谢教师们的坚守与付出，在教育的道路上不断创新，成就梦想，传播知识、真理和思想，塑造灵魂、生命和人才。这一切都是为了学生的未来发展，为国家培养社会主义建设者和接班人。感谢学生们的努力和用心，让教师们面对教育永葆希望和充满力量。感谢学校的支持，课程模式的创新和学生的成长离不开学校的战略部署，在学校的支持下，科学素质教育得以深入应用并创造出新成果和新希望。

感谢多年来一直关心、支持和帮助我成长的实验中学张红校长、朱培红书记、杨静武校长、周传文书记、曹学良校长、赵强校长、刘晓婷校长。感谢多年来一直在地理学科专业领域引领我成长的市教研室王丽主任、吴刚主任、李金亭主任、师范大学教育学部仲小敏教授、市教科院胡振京主任、王慧霞老师。感谢多年来一直关注学校发展建设的宫丽艳局长、方华局长、李玉秋书记、王晶局长、陈丽处长、郝振宇处长、冯宜冰处长、李忻主任。感谢我的父母、我的爱人、我的女儿以及我身边生活着的朋友和同事们，没有你们在生活上、精神上给予我无私的帮助和支持，我也不可能完成这本专著的撰写。实验学府和润行，凝心聚力智慧生。仰望星空心向往，脚踏实地躬行至。

站在教育发展的新路口，我们要用爱和理想孕育学生的心灵、滋润学生的梦想、启迪学生的心智，在信念中不断探索前进、铸梦远航。鹏程万里今朝始，宏图大展正当时！唯愿：为师者，德高业精富学养；为学者，学勤志远有朝气。

2021 年 12 月